ESCOLA DE MULHERES
Molière

Molière

ESCOLA DE MULHERES
Tradução de: Millôr Fernandes
3ª edição

PAZ E TERRA
Coleção Leitura

© Millôr Fernandes, 1996

Editores responsáveis: Christine Röhrig e Maria Elisa Cevasco
Edição de texto: Thaís Nicoleti de Camargo
Produção gráfica: Katia Halbe
Capa: Isabel Carballo
Editoração eletrônica: Alfredo Carracedo Castillo

Dados internacionais de Catalogação na Publicação (CIP)
(Câmara Brasileira do Livro, SP, Brasil)

Molière, 1622-1673.
Escola de mulheres/Molière; tradução Millôr Fernandes. – Rio
de Janeiro: Paz e Terra, 1996. – (Coleção Leitura)

1. Teatro francês (Comédia) I. Título. II. Série.

96-2075   CDD-842

Índices para catálogo sistemático:
1. Teatro: Literatura francesa   842

EDITORA PAZ E TERRA S.A.
Rua do Triunfo, 177
Santa Ifigênia, São Paulo, SP – CEP: 01212-010
Tel.: (11) 3337-8399

e-mail: vendas@pazeterra.com.br
Home page: www.pazeterra.com.br

2007
Impresso no Brasil / *Printed in Brazil*

PERSONAGENS

ARNOLFO
INÊS
CRISALDO
HORÁCIO
ALAIN
GEORGETTE
HENRIQUE
ORONTE
NOTÁRIO

ÉPOCA: SÉCULO XVII

ATO I

Cena I: Crisaldo e Arnolfo.

CRISALDO — Você me diz que vem pra se casar com ela?

ARNOLFO — Exato. E até amanhã pretendo ter tudo resolvido.

CRISALDO — Estamos aqui sós e acho que podemos discutir o assunto sem medo de que alguém nos ouça. Posso abrir o coração a um amigo? O seu objetivo, Arnolfo, me faz tremer de medo. De qualquer ângulo por que se encare o problema, casar é, pra você, um ato temerário.

ARNOLFO — Isso é verdade, amigo. Acho que no seu próprio casamento você encontra motivos para recear pelo meu. Na sua cabeça é evidente, existe a certeza de que os chifres são adorno infalível de qualquer matrimônio.

CRISALDO — São acidentes contra os quais ninguém está garantido; e quem se preocupa com isso não passa de um idiota. Mas quando eu me preocupo com você, é por causa das suas zombarias, das quais centenas de maridos sentiram as ferroadas. Você bem sabe que nem grandes nem pequenos escaparam ao seu sarcasmo: pois seu prazer na vida é transformar em riso público as intrigas secretas.

ARNOLFO — Exatamente. Existe alguma outra cidade no mundo com maridos tão complacentes quanto os nossos? Não os encontramos de todas as variedades, acomodados cada um de um jeito? Este junta mil bens para que a esposa os divida, adivinha com quem? Com quem o corneia. Outro, com um pouco mais de sorte, mas não menos pateta, vê a mulher receber inúmeros presentes, todo dia, mas não se mortifica com ciúmes; por que ela o convence facilmente de que são os prêmios da virtude. Um grita muito, mas fica no barulho; outro deixa o barco correr em águas mansas e, vendo chegar em casa o galanteador, ainda vai, gentil, pegar-lhe a luva e a capa. Uma esposa, cheia de malícia, para evitar suspeitas, faz do próprio marido um confidente: e este dorme, tranqüilo, até com pena do coitado que tanto esforço faz sem ser correspondido. Outra mulher casada, para explicar um luxo que se estranha, diz que ganha no jogo as fortunas que gasta: e o bendito marido, sem perguntar qual o jogo, ainda junta um provérbio: "Feliz no jogo, infeliz nos amores". Enfim, aí estão em toda parte os motivos de escárnio. Não devo rir, como espectador? Não é que nossos tolos...

CRISALDO — Sim; mas quem ri o que quer é rido o que não quer. Por mim deixo o mundo falar e não me intrometo, quando certa gente delira com detalhes da vida alheia. Ninguém jamais me viu exultar, ou rir, ou acrescentar qualquer coisa ao que se comenta nas rodas que freqüento. Me mantenho em reserva; pois, embora condene algumas tolerâncias e jamais pretenda sujeitar-me a certas ocorrências que outros maridos aceitam sem vergonha, evito falar nisso; pois a sátira tem suas reviravoltas, e nesse terreno inseguro não devemos jurar que isto nós fazemos e aquilo nunca. Assim, se à minha fronte, por um destino ingrato, alguma coisa acontecer de estranho, estou certo de que, apesar do meu comportamento reservado, ninguém deixará de rir de mim, mas todos o farão com a mão na boca. E ainda pode ser que alguém, mais justiceiro, se lembre de dizer que eu não o merecia. Mas com você, meu compadre, a coisa é diferente. Digo-lhe uma vez mais — arrisca o diabo. Como sua língua jamais deixou um instante de ridicularizar maridos suspeitos de tolerância e como você se transformou num demônio solto entre os casais, agora tem que andar bem reto ou o matam de ridículo. Pois, ao menor pretexto, todas as vítimas gritarão ao mundo...

ARNOLFO — Deus do céu, amigo, não se atormente tanto! Tem que ser bem esperto quem me pegar em falso. Conheço os truques todos, toda a infinita trama que as mulheres usam para encobrir o sol. Conheço manhas, armadilhas e como nos enganam com destreza e malícia. Contra tais habilidades tomei minhas precauções; a moça com quem caso possui tal inocência que minha testa jamais sofrerá o agravo de um desenho novo.

CRISALDO — E você acha então que só por ser simplória...?

ARNOLFO — Caso com uma tola pra não bancar o tolo. Acredito, à fé de Deus, que a sua é uma mulher sagaz; mas uma mulher esperta é mau presságio; eu sei o que custou a alguns casarem com mulheres cheias de talento; me caso com uma intelectual, interessada apenas em conversas de alcova, escrevendo maravilhas em prosa e verso, freqüentada por marqueses e gente de espírito, e fico sendo apenas o marido de madame, discreto a um canto, como um santo sem crentes. Não, não, agradeço esses espíritos cheios de sutilezas. Mulher que escreve sabe mais do que é preciso. Pretendo que a minha seja bastante opaca pra não saber nem mesmo o que é uma rima. E, quando estiver jogando o *corbillon* e alguém perguntar, ao chegar a vez dela: "Que botamos agora na panela?", ela ao invés de, como as outras, dar uma resposta brilhante e maliciosa, responda, muito simples: "Um pouco de batata!" Em suma, desejo uma mulher de extrema ignorância. Que já seja demais ela saber rezar, me amar, cozer, bordar!

CRISALDO — Assim, sua ambição é uma mulher estúpida?

ARNOLFO — Tanto que prefiro uma mulher feia e tola a uma belíssima mas cheia de talento.

CRISALDO — O espírito e a beleza...

ARNOLFO — A honestidade basta.

CRISALDO — Mas como você espera que uma mulher estúpida saiba sequer o que é ser honesta? Além disso, deve ser cansativo um homem arrastar consigo a vida inteira uma pobre idiota. E você acha mesmo que, agindo assim, a segurança de sua fronte estará garantida? Uma mulher de espírito pode trair seus deveres; mas se o faz é porque o pretende; ao passo que uma estúpida age da mesma maneira sem querer e mesmo sem saber.

ARNOLFO — A esse belo argumento, a esse discurso profundo, eu respondo como Pantagruel respondeu a Panúrgio: por mais que você queira me forçar a aceitar uma mulher que não seja estúpida, e ainda que persista até o dia de São Nunca, ficará decepcionado ao chegar lá e verificar que minha disposição não se alterou em nada.

CRISALDO — Já não está mais aqui quem falou.

ARNOLFO — Cada um a seu modo: em mulher, como aliás em tudo, só faço o que eu mesmo decido. Acho que sou bastante rico para arranjar uma esposa que me deva tudo o que tiver e que, submissa e dependente, jamais possa me reprovar por seus bens ou nascimento. Um ar doce e tranqüilo fez com que eu amasse Inês quando a vi entre outras crianças. Tinha então apenas quatro anos. Resolvi pedi-la à própria mãe, que era muito pobre; a boa camponesa acedeu ao meu pedido e apressou-se alegremente em se livrar de tão pesado encargo. Num pequeno convento, afastado do mundo, fiz com que ela fosse educada sob regras estritas; ou seja, que só lhe ensinassem aquilo que pudesse torná-la o mais estúpida possível. Graças a Deus meus esforços foram coroados de êxito; agora, crescida, eu a achei de tal modo inocente, que só tenho a agradecer aos céus por me darem exatamente a mulher que eu desejo. Trouxe-a agora comigo; e como a minha casa está sempre aberta a centenas de pessoas diferentes, e devemos estar continuamente em guarda contra tudo, alojei-a numa outra casa mais distante, onde ninguém me visita. Ali a inocência dela jamais será afetada, pois, para servi-la, coloquei apenas criaturas tão simples quanto ela. Você agora me perguntará: "Por que toda essa história?" É para que veja até que ponto tomei minhas precauções. Finalizando: Como é meu amigo fiel, venho convidá-lo para cearmos juntos esta noite: eu, você e ela. Quero que você a examine e me diga depois se condena minha escolha.

CRISALDO — É um prazer.

ARNOLFO — Você poderá, nessa reunião, conhecer a pessoa e julgar-lhe a inocência.

CRISALDO — Ora, quanto ao último ponto, tudo que você disse não pode...

ARNOLFO — A realidade ultrapassa o que eu disse. Tem tais simplicidades que me deixam às vezes admirado; e outras não posso me conter de riso. Noutro dia — você não acredita! — estava toda preocupada e veio perguntar, com uma inocência que jamais vi em ninguém, se as crianças se fazem pelo ouvido.

CRISALDO — Pois lhe dou parabéns, meu caro Arnolfo...

ARNOLFO — Ora, por que insiste em me chamar assim?

CRISALDO — Desculpe, vem-me à boca, por mais que eu evite; ainda não me acostumei a Sr. de Vendaval. Que diabo fez com que você, aos quarenta e dois anos de idade, resolvesse se rebatizar, dando-se um título de senhor, que só tem como base alguns acres de terra batidos pelo vento?

ARNOLFO — Além do fato de a propriedade ter esse nome, Vendaval me soa mais bonito do que Arnolfo.

CRISALDO — Que absurdo; abandonar o nome dos pais e adotar outro, baseado apenas em quimeras. Muita gente hoje em dia não resiste a isso, e — sem que haja no que conto qualquer comparação — conheço um tipo chamado Pedroso que, nada tendo de seu além de um pequeno quintal, mandou abrir uma vala em volta dele e passou a se chamar pelo nome pomposo de Barão da Ilha.

ARNOLFO — Você pode ficar com seus exemplos. Seja como for, o meu nome, agora, é Vendaval. Tenho uma razão bem forte: gosto dele. E chamar-me de outra forma é me desagradar.

CRISALDO — Mas a verdade é que ninguém se habitua; vejo mesmo, nas cartas que lhe escrevem...

ARNOLFO — Muita gente ainda não está informada e isso eu tolero, é natural; mas de você...

CRISALDO — Fique tranqüilo, que isso não será motivo de atrito entre nós; tomarei cuidado para não chamá-lo senão de Sr. de Vendaval.

ARNOLFO — Adeus. Bati aqui só para lhe dar meu bom dia e avisar que já estou de volta.

CRISALDO (*Saindo.*) — Num imbecil só há vários juntos.

ARNOLFO (*Sozinho.*) — Não regula bem em alguns assuntos. Estranho, como a paixão cega cada pessoa em sua opinião. (*Bate na porta.*) Olá!

CENA II: ARNOLFO, ALAIN E GEORGETTE.

ALAIN — Quem bate?

ARNOLFO — Abram! (*À parte.*) Ah, com que alegria vão me ver agora. Passei mais de dez dias fora.

ALAIN — Quem está aí?

ARNOLFO — Eu!

ALAIN — Georgette!

GEORGETTE — Que é?

ALAIN — Abre lá embaixo.

GEORGETTE — Abre você, ué!

ALAIN — Abre você, eu disse!

GEORGETTE — Quer apostar como eu não abro?

ALAIN — Eu é que não vou.

ARNOLFO — Bonitos cumprimentos a um patrão que chega! Olá! Ei! Por favor!

GEORGETTE — Quem bate?

ARNOLFO — Seu patrão!

GEORGETTE — Alain!

ALAIN — Que é?

GEORGETTE — É o patrão! Abre depressa!

ALAIN — Abre você.

GEORGETTE — Estou soprando o fogo.

ALAIN — Estou tomando conta do pardal, senão o gato o come.

ARNOLFO — Se não abrirem a porta imediatamente, ficarão sem comida quatro dias. Ah!

GEORGETTE — Por que você vem agora, quando eu já estou correndo?

ALAIN — E vou deixar você abrir em meu lugar, só porque vem correndo? Bonito estratagema.

GEORGETTE — Sai da frente.

ALAIN — Sai da frente você.

GEORGETTE — Eu quero abrir a porta.

ALAIN — E eu não quero?

GEORGETTE — Ah, não, você não abre.

ALAIN — E você, abre?

GEORGETTE — Mas você também não.

ARNOLFO (*À parte.*) — Eu sou ou não sou uma alma paciente?

ALAIN (*Entrando.*) Pronto, senhor, fui eu.

GEORGETTE (*Entrando.*) — Sua criada aqui está, patrão; fui eu.

ALAIN — Se o respeito ao patrão não me impedisse eu a...

ARNOLFO (*Recebendo um tranco de Alain.*) — Oh, peste!

ALAIN — Perdão.

ARNOLFO — Vejam que brutalhão!

ALAIN — Ela também, senhor...

ARNOLFO — Calem-se os dois. Respondam ao que eu perguntar, e basta de tolices. Como vão todos, por aqui?

ALAIN — Patrão, nós nos... Senhor, nós nos por... Graças a Deus, nós nos... (*Três vezes seguidas Arnolfo tira o chapéu da cabeça de Alain.*)

ARNOLFO — Quem lhe ensinou, animal insolente, a falar comigo de chapéu na cabeça?

ALAIN — O senhor tem razão; eu não tenho razão.

ARNOLFO — (*A Alain.*) Diz a Inês pra descer. (*A Georgette.*) Ela ficou triste quando eu fui embora?

GEORGETTE — Triste? Não.

ARNOLFO — Não?

GEORGETTE — Não! Ficou!

ARNOLFO — Por quê?

GEORGETTE — Que eu morra aqui mesmo se não
é verdade; ela esperava o patrão a todo instante;
cada cavalo, burro ou mula que passava ela pensava que era o senhor voltando.

CENA III: ARNOLFO, INÊS,
ALAIN E GEORGETTE.

ARNOLFO — O trabalho na mão, que bom sinal!
Bem, Inês, estou de volta. Isso a alegra?

INÊS — Claro, senhor, graças a Deus.

ARNOLFO — Eu também estou muito contente por
vê-la de novo. Passou bem o tempo todo? Pelo
visto...

INÊS — Com exceção das pulgas, que me incomodam a noite toda.

ARNOLFO — Já já, você terá alguém para catá-las.

INÊS — Oh, que alívio!

ARNOLFO — Eu imagino. Que é que você está fazendo?

INÊS — Algumas toucas pra mim. Já terminei os seus camisolões e carapuças.

ARNOLFO — Pois muito bem; vai tudo muito bem — suba de novo. Não se aborreça que eu não demoro. Tenho um assunto importante para tratar com você. (*Sozinho.*) Heroínas do dia, senhoras cultivadas. Duvido que, juntos, vossos versos, romances, cartas, cartas de amor, toda a vossa ciência valha essa ignorância honesta e recatada. Também não é riqueza que nos deve atrair, mas desde que haja honra para...

Cena IV: Horácio e Arnolfo.

ARNOLFO — Que vejo eu? Será que...? É sim! Não, eu me engano. Ué, é ele mesmo.! Ora!...

HORÁCIO — Sr. Arnol...

ARNOLFO — Horácio!

HORÁCIO — Sr. Arnolfo!

ARNOLFO — Mas que prazer imenso! Há quanto tempo está aqui?

HORÁCIO — Há nove dias.

ARNOLFO — Não diga!

HORÁCIO — Fui direto à sua casa, mas em vão.

ARNOLFO — Eu estava no campo.

HORÁCIO — Eu sei, há exatamente dez dias.

ARNOLFO — Oh, como esses meninos crescem em poucos anos. Estou admirado de vê-lo assim tão alto; quando eu o conheci não era mais que isto...

HORÁCIO — Como vê...

ARNOLFO — Mas, e Oronte, seu pai, esse bom e caro amigo que estimo e reverencio; que faz ele? Que diz ele? Inda está forte? Você sabe que me interessa tudo que se refere a ele. Mas não nos vemos há mais de quatro anos, e, o que é pior, nem mesmo nos comunicamos.

HORÁCIO — Meu pai, Sr. Arnolfo, está mais vivo do que nós. Aliás, trago aqui uma carta que ele lhe mandou. Depois desta me mandou uma outra, informando que vem cá, não sei pra quê. O senhor por acaso conhece um conterrâneo seu que depois de viver catorze anos na América está voltando agora trazendo uma fortuna?

ARNOLFO — Não. Não lhe disseram o nome?

HORÁCIO — Henrique.

ARNOLFO — Não.

HORÁCIO — Meu pai fala dele como se fosse uma pessoa minha conhecida. Diz que vão se encontrar na viagem para cá a fim de resolverem um assunto importantíssimo. A carta não diz do que se trata (*Horácio mostra a Arnolfo a carta de Oronte.*)

ARNOLFO — Eu terei o maior prazer em rever meu amigo, e farei tudo que puder para recebê-lo como merece. (*Depois de ler a carta.*) Ora, amigos não têm necessidade de mandar cartas tão cerimoniosas. Esses cumprimentos todos são desnecessários. Mesmo que ele não tivesse escrito uma palavra, você poderia dispor de todos os meus bens.

HORÁCIO — Sou um homem que tomo as pessoas pelo que elas me dizem; e neste exato momento preciso de cem pistolas.

ARNOLFO — Palavra que só me dá prazer usando o que ofereço. Fico contente de ter essa importância aqui comigo. Leve também a bolsa.

HORÁCIO — Porém é necessário...

ARNOLFO — Nada de cerimônias. Que tal tem achado esta cidade?

HORÁCIO — Com muitos cidadãos, construções magníficas, e divertimentos como não tinha visto.

ARNOLFO — Cada um encontra aqui com que se divertir, por mais requintado que o seu gosto seja. Mas para aqueles que batizamos de galantes, este país é um sonho — não há em parte alguma mulheres tão compreensivas. Se acha o que se quer — morenas, louras —, todas amistosas, gentis, dadas. E os maridos — não há no mundo maridos mais benignos! É um prazer de rei. Nos passeios que dou e nas rodas que freqüento, viver é uma comédia permanente. Estou falando e, quem sabe, o amigo já pegou alguma. Já não lançou na praça o anzol da fortuna? Nascer bonito assim vale mais que dinheiro. Se eu tivesse seu corpo faria mil cornudos.

HORÁCIO — Para não lhe ocultar nada da verdade pura, já tive, eu também, nesta cidade, uma pequena aventura de amor: a amizade obriga que lhe conte.

ARNOLFO (*À parte.*) — Bem, vou ouvir com cuidado mais uma de um [otário.] E logo mais, com calma, anoto em meu diário.

HORÁCIO — Mas — por quem é! — que a história fique entre nós!

ARNOLFO — Oh!

HORÁCIO — O senhor bem sabe que nessas ocasiões, se a coisa transpira, estamos perdidos. Lhe confesso com total franqueza que meu coração foi literalmente estraçalhado por uma bela jovem que vive aqui. Mas minhas manobras foram tão felizes que logo consegui lhe ser apresentado e ter um doce acesso ao próprio aposento em que ela dorme. Sem querer me gabar, e sem injuriá-la, eu posso lhe dizer que as coisas já vão mais longe do que eu sonharia...

ARNOLFO (*Rindo*) E ela é...?

HORÁCIO (*Apontando para a casa de Inês*). — Uma coisinha linda que vive naquela casa ali, da qual se vê um pedaço do muro avermelhado. Simples; na verdade, de uma simplicidade sem igual. Condenada a viver como vive pela estupidez sem paralelo de um grosseirão que a afasta de qualquer contato com o mundo. Mas, ao mantê-la assim, ignorante, ele faz brilhar mil outros atrativos capazes de enlouquecer um homem. Há nela seduções, um não sei quê de ternura — que coração resiste? Mas é quase certo que o senhor já conheça essa estrela de amor, de tantos brilhos e encantos. Se chama Inês.

ARNOLFO (*À parte.*) — Ai, que eu rebento!

HORÁCIO — Quanto ao homem, o chamam Vandemal ou Ventamal, eu não sei bem. A mim que importa o nome? Disseram-me que é rico, muito rico, mas não dos mais sensatos. Me fizeram um retrato assim sobre o ridículo. Por acaso o senhor o conhece?

ARNOLFO (*À parte.*) — A pílula é amarga, mas tenho que engoli-la.

HORÁCIO — Mas como é? Não me diz nada?

ARNOLFO — Ah, sim, conheço ele.

HORÁCIO — É ou não é um imbecil?

ARNOLFO — Eh!

HORÁCIO — O que é que o senhor diz? O quê? Eh! Isso quer dizer sim? Ciumento de matar de riso? Paspalhão? Então é exato aquilo que me descreveram. Bem, o importante é que a doce Inês me conquistou. É um *bijou*, e saiba que eu não minto. Seria um pecado deixar beleza tão extraordinária nas mãos de um homem assim, tão desumano. Por mim, todos os meus esforços, minha vontade mais profunda é fazer minha essa mulher, seja qual for a reação do infeliz ciumento. O dinheiro que o senhor acaba de me dar com tanta generosidade me ajudará a levar adiante o meu intento. O senhor sabe melhor do que eu que, em qualquer empreendimento, o dinheiro é a chave mestra. Esse doce metal, que a raros não tonteia, nos facilita a vitória, no amor e na guerra. Mas de repente está triste! Por acaso reprova o que pretendo fazer?

ARNOLFO — Não, é que eu estava pensando...

HORÁCIO — Minha conversação o cansa. Adeus, então. Assim que possa, faço-lhe uma visita de agradecimento.

ARNOLFO (*Julgando-se sozinho.*) — Ah, ainda tenho que...

HORÁCIO (*Voltando.*) Uma vez mais, lhe peço discrição: não vá sair por aí contando a todo mundo.

ARNOLFO — (*Pensando estar sozinho*) — Eu sinto que a minh'alma...

HORÁCIO (*Voltando.*) E sobretudo nem uma palavra a meu pai. Sei lá; talvez ficasse furioso.

ARNOLFO (*Esperando que ele volte outra vez.*) — Oh! (*Sozinho.*) — Oh, o que eu sofri nessa conversa toda! Jamais um coração sofreu um choque igual.

Com que impudência e com que pressa extrema me vem ele contar o seu caso, a mim mesmo! Apesar de não saber que o negócio é comigo, ainda assim poderia ser mais gentil com os estranhos. Mas, já tendo suportado tanto, eu tinha que me conter até o fim, para saber tudo de que fui vítima inocente. Enfim, tirei o que podia desse boquirroto; já sei até onde chegou seu comércio secreto. Agora vou tentar ver aonde ele vai; não deve ir muito longe. Mas tremo só em pensar o que vou descobrir; muitas vezes encontramos mais do que desejamos.

ATO II

Cena I: Arnolfo.

ARNOLFO — Pensando bem foi bom ter-me perdido e não o encontrado mais. Pois acho que já não seria capaz de esconder diante dele a dor terrível do meu coração. A ânsia do meu peito teria arrebentado; e não é meu desejo que ele venha a saber o que, por enquanto, ignora. Mas não sou homem capaz de engolir sapos; não vou deixar campo livre para esse fedelho. Irei até em casa para saber, sem demora, até onde e até como os doizinhos se entendem. Minha honra tem que ser defendida. No ponto a que chegamos, já é quase minha esposa. Se escorregou, me cobriu de vergonha; qualquer coisa que ela faça botam na minha conta. Oh, ausência fatal! Viagem infortunada! (*Bate à porta.*)

CENA II: ARNOLFO, ALAIN E GEORGETTE.

ALAIN — Ah, patrão, desta vez...

ARNOLFO — Silêncio! Venham cá, os dois. Por aqui. Venham logo! Estão surdos?

GEORGETTE — O senhor me mete medo. Olho para o senhor e o meu sangue coalha.

ARNOLFO — Então é assim que os dois me obedecem enquanto eu estou fora: fazendo uma combinação pra me traírem juntos?

GEORGETTE (*Caindo de joelhos diante de Arnolfo.*) — Oh, senhor, só imploro que não me coma viva.

ALAIN (*À parte.*) — Estou certo de que ele foi mordido por um cão danado.

ARNOLFO (*À parte.*) — Ah, que nem posso falar de tão cheio de raiva! Sufoco até. Se pudesse, tirava as roupas e ficava nu. (*A Alain e Georgette.*) Então vocês dois deixaram — seus malditos canalhas! — um homem entrar aqui!? (*A Alain, que tenta fugir.*) — Esta querendo escapar? Pois bem, agora mesmo, neste instante... (*A Georgette.*) — Se você se mexe daí... Quero que me respondam... Eu!... Quero que todos os dois... (*Alain e Georgette se levantam e tentam fugir de novo.*) — Se algum dos dois se move, palavra de honra, eu o liquido! Como é que, em minha casa, se introduziu esse homem? Vamos, falem! Rápido, já, pronto, logo, nada de ficar pensando. Querem falar?

ALAIN e GEORGETTE — Ah! Ah!

GEORGETTE (*Caindo de novo de joelhos.*) Meu coração me falta!

ALAIN — (*Caindo também de joelhos.*) — Sinto que estou morrendo.

ARNOLFO (*À parte.*) — Estou todo suado; preciso respirar. Vou me abanar e passear um pouco. Eu podia adivinhar, quando o vi criança, que cresceria assim pra infernar meu destino? Céus, o que sofro aqui dentro! Acho até que é melhor chamar Inês, para que, por sua própria boca, acabe esta tortura.

Paciência, Arnolfo, modera seu ressentimento. Paciência, coração, mais suave um momento.

(*A Alain e Georgette.*) — Levantem-se. Entrem e digam a Inês que venha cá. Esperem! (*À parte.*) — Assim não haverá surpresa, pois os dois, bem depressa, vão logo lhe contar o estado em que me encontro. Eu próprio vou chamá-la. (*A Alain e Georgette.*) Esperem aqui por mim.

Cena III: Alain e Georgette.

GEORGETTE — Meus Deus, ele é terrível! Seu olhar me assustou que nem lhe digo — fiquei apavorada! Nunca vi um cristão mais horrendo!

ALAIN — Eu não lhe disse? Aquele senhor deve tê-lo enganado.

GEORGETTE — Mas que razão no mundo faz com que nos obrigue a esconder tão escondida nossa pobre patroa? Por que não deixa que ninguém se aproxime?

ALAIN — É porque tem ciúme.

GEORGETTE — Mas para ter ciúme é preciso um motivo.

ALAIN — O motivo... o motivo é que sente ciúme.

GEORGETTE — Sim, mas por que tem ciúme? E por que toda a fúria?

ALAIN — Porque o ciúme... Vê se me entende, Georgette... O ciúme é uma coisa... uma coisa... que deixa a gente inquieto... e faz uma pessoa ficar, às vezes, dando voltas e voltas em volta de uma casa. Vou-lhe dar um exemplo, pra que você entenda com mais facilidade. Você está na mesa, a mesa arrumadinha, vai começar a comer seu mingau, quando passa por lá um esfomeado e começa também a querer comer a comida que é sua. Você não fica furiosa e o põe pra fora?

GEORGETTE — Já começo a entender.

ALAIN — Pois é isso que entende. A mulher não é mais do que o mingau do homem. E quando um homem percebe que outros homens querem meter o dedo no mingau que é dele, é natural que lhe venha uma explosão de raiva.

GEORGETTE — Sim. Mas então por que nem todo mundo faz o mesmo? Nós conhecemos alguns homens que até parecem bem contentes quando as esposas estão com cavalheiros elegantes.

ALAIN — É que nem todos têm igual apetite no amor; e muitos deixam sobras que outros aproveitam.

GEORGETTE — Se a vista não me engana, é o patrão que volta.

ALAIN — Sua vista não a engana; é o patrão que volta.

GEORGETTE — Que expressão de tristeza!

ALAIN — Que cara de abatido!

CENA IV: ARNAOLFO, ALAIN E GEORGETTE.

ARNOLFO (*À parte*) — Um certo grego aconselhava ao Imperador Augusto, como uma regra verdadeira e útil, que, quando qualquer fato lhe despertasse a raiva, antes de qualquer reação, repetisse o alfabeto. Seria o tempo bastante pra temperar a bílis e evitar fazer coisas de que se arrependesse. Segui esse conselho no presente caso; chamei Inês aqui a pretexto de um pequeno passeio, e deixarei que as suspeitas de meu espírito conturbado a conduzam ao assunto que desejo, sondem seu coração e descubram a verdade, suavemente. Entra, Inês. (*A Alain e Georgette*). — E vocês dois, fora!

CENA V: ARNOLFO E INÊS.

ARNOLFO — Um passeio bonito!

INÊS — Muito bonito!

ARNOLFO — Um lindo dia!

INÊS — Lindíssimo.

ARNOLFO — E o que é que há de novo?

INÊS — O gatinho morreu.

ARNOLFO — Coitado! Mas, enfim, somos todos mortais, cada um morre em sua vez. Enquanto estive fora choveu muito?

INÊS — Não.

ARNOLFO — Você se aborreceu, sozinha?

INÊS — Eu jamais me aborreço.

ARNOLFO — Que é que você fez, então, esses nove ou dez dias?

INÊS — Seis camisas, eu acho, e seis toucas também.

ARNOLFO (*Um pouco pensativo.*) — O mundo, cara Inês, que coisa estranha é o mundo! A maledicência geral, por exemplo. Como todo mundo gosta de falar dos outros! Uns vizinhos me disseram que um homem jovem penetrou lá em casa em minha ausência e que você não só o viu, como ouviu também, com agrado, os seus... discursos. Mas é claro que não acreditei nessas línguas ferinas e apostei até na falsidade de...

INÊS — Por Deus, não aposte; era perder tudo certa.

ARNOLFO — O quê!? É verdade que um homem...?

INÊS — É certo, é certo! Mais até do que isso: quase não saiu daqui da nossa casa o tempo todo.

ARNOLFO. (*Baixo, à parte.*) — Essa confissão, que faz com tal sinceridade, me prova pelo menos sua ingenuidade. (*Alto.*) — Mas me parece, Inês, se estou bem lembrado, que proibi você de ver qualquer pessoa.

INÊS — Sim, mas você não sabe porque resolvi vê-lo. No meu lugar teria feito o mesmo

ARNOLFO — Pode ser. Enfim, me conta lá a história.

INÊS — É uma história espantosa e difícil de crer. Eu estava na varanda, costurando ao ar livre, quando vi passar debaixo do arvoredo um rapaz muito bem apessoado, que, vendo que eu o via, me fez um cumprimento respeitoso. Eu, não querendo ser menos educada, respondi do meu lado ao cumprimento. Ele, rapidamente, fez outra reverência; eu, também depressa, respondi. Ele se curvou então uma terceira vez; e uma terceira vez eu me curvei. Ele passa, retorna, repassa, e, a cada ida e volta, se curva novamente; e, eu, que, é natural, olhava fixo para esse movimento todo, tinha que responder a cada cumprimento. Tanto que, se em certo instante a noite não chegasse, eu teria ficado ali saudando eternamente. Pois eu não ia ceder e passar pela vergonha de ele me julgar menos civilizada.

ARNOLFO — Muito bem.

INÊS — No dia seguinte, eu estava na porta, uma velha se aproximou e disse assim: "Minha filha, que

Deus a abençoe e mantenha sua beleza durante muitos anos. Ele não a fez assim tão bela para que você espalhasse o mal por onde passa. Você deve saber que feriu um coração que está, assim, forçado a se queixar de você".

ARNOLFO (*À parte.*) — Oh, um instrumento de Satã! Uma alma danada!

INÊS — "Eu feri o coração de alguém?", perguntei espantada. "Feriu", me respondeu a velha, "e feriu seriamente. Falo daquele jovem que ontem, da varanda, você cumprimentou." "Mas como?", disse eu. "Qual foi a causa? Por acaso, sem querer, deixei cair alguma coisa em cima dele?" "Não", me respondeu a velha. "O golpe fatal partiu desses seus olhos: você o fitou e ele sentiu o coração em chamas." "Ai, meu Deus! (Eu estava cada vez mais espantada.) Meus olhos expelem algum mal que vai ferir os outros!" "É isso", concordou a velha. "Seus olhos, minha filha, têm uma luz venenosa que você não conhece. Mas o fato é que o rapaz definha, o pobre miserável; e se, o que não creio", continuou a caridosa velha, "seu coração cruel se recusar a consolá-lo, será entregue à terra dentro de poucos dias." "Deus seja louvado", respondi. "Eu sentiria muito. Que tenho de fazer para ajudá-lo?" "Filhinha", me esclareceu a velha, "ele não deseja mais nada senão vê-la e conversar com você. Só seus olhos podem impedir que ele morra: o olhar que o mal causou servirá de remédio." "Oh, mas estou tão contente", tratei de responder, "e, já que é só isso, que ele venha me ver quantas vezes quiser."

ARNOLFO (*À parte*) — Feiticeira maldita, envenenadora de almas! Possa o inferno pagar seus ardis caridosos!

INÊS — Foi assim que ele veio me ver, e ficou logo curado. Agora, me diga francamente, eu não tinha razão? Eu podia arriscar o remorso de deixar ele morrer sem amparo? Eu, que não posso ver ninguém sofrer, que choro quando vejo matarem uma galinha?

ARNOLFO (*Baixo, à parte.*) — Tudo isso partiu de uma alma inocente; tenho que me acusar de uma ausência imprudente que deixou aqui, sem proteção, esses encantos tentadores, expostos à cupidez dos mais vis sedutores. Temo só que o velhaco, entre lua e luar, haja ido mais longe do que ouso pensar.

INÊS — Mas o que é que você tem? Está resmungando aí baixinho? Foi malfeito o que eu fiz?

ARNOLFO — Não. Mas me conta agora o que aconteceu depois, como ele se comportou enquanto a visitava.

INÊS — Ai! Se você soubesse como ficou contente e o visse livre da doença no instante em que o fitei; o presente que me fez de um estojinho lindo, o dinheiro que deu a Alain e Georgette, ah, você também iria gostar dele e dizer como nós...

ARNOLFO — Sim, mas o que é que ele fazia estando só com você?

INÊS — Dizia que me amava um amor sem igual, dizia palavras as mais gentis do mundo, coisas como jamais ouvi ninguém dizer e cuja doçura me encantava quanto mais eu ouvia, fazendo-me subir um certo não-sei-quê aqui por dentro.

ARNOLFO (*Baixo, à parte.*) Oh, exame funesto de um mistério fatal, onde o examinador sofre só todo o mal. (*Alto.*) — Além de todas essas conversas, e de todos esses cumprimentos, ele não lhe fazia também umas carícias?

INÊS — Ah! Tantas! Pegava minhas mãos, meus braços, e não cansava nunca de beijá-los.

ARNOLFO — E, diz aqui, Inês, ele não quis mais nada... não foi... mais... adiante? (*Vendo-a confusa.*) Ui!

INÊS — Humm! Ele me...

ARNOLFO — O quê?

INÊS — ... pediu...

ARNOLFO — Hã?

INÊS — ... a...

ARNOLFO — Pediu a...?

INÊS — Não tenho coragem. Você vai ficar furioso comigo!

ARNOLFO — Não fico.

INÊS — Eu sei que fica.

ARNOLFO — Deus do céu! Não fico!

INÊS — Então jura.

ARNOLFO — Dou-lhe a minha palavra: eu juro.

INÊS — Ele me tirou a... Você vai ficar furioso!

ARNOLFO — Não fico!

INÊS — Fica.

ARNOLFO — Não fico, não fico, não fico, não fico! Diabo de mistério! Que foi que ele tirou...?

INÊS — Ele...

ARNOLFO (*À parte.*) — Eu sofro como um louco!

INÊS — Ele me tirou a fita que você me deu. Mas lhe digo a verdade: eu não pude evitar.

ARNOLFO (*Respirando fundo.*) — O laço é o de menos. Quero saber se ele não foi além de lhe beijar os braços.

INÊS — Além de quê? Ainda há outras coisas?

ARNOLFO — Em absoluto. Mas pra curar o mal com que dizia estar, ele não pediu algum outro remédio?

INÊS — Não. E você bem percebeu que eu teria feito tudo ao meu alcance para vê-lo curado. Bastava ele pedir.

ARNOLFO (*Baixo, à parte.*) — Pela bondade de Deus, não me custou muito caro. E se noutra eu cair sou mesmo um imbecil raro.

Shhhiu. (*Alto.*) — Isso tudo é o resultado de sua inocência, Inês. Não falemos mais nisso. O que está feito, está feito. Eu sei que, lisonsejando-a tanto, aquele jovem tão galante queria era abusar dos seus encantos; e, depois, rir de ti.

INÊS — Ah, isso não! Ele me repetiu mais de vinte vezes.

ARNOLFO — E você não sabe que quanto mais eles repetem menos se deve acreditar? Aprenda agora: aceitar caixinhas, escutar o canto desses lindos canários, deixar que eles a beijem as mãos todos languentos e façam estremecer seu coração é um pecado mortal, um dos maiores pecados que pode haver.

INÊS — Você diz um pecado? Mas por que um pecado?

ARNOLFO — Porque esse comportamento deixa o céu furioso.

INÊS — Furioso? Mas por que furioso? É uma coisa — ai! — tão gostosa e tão doce! É espantoso o prazer que dá na gente. E até agora eu nem sabia disso!

49

ARNOLFO — E, é um grande prazer toda essa ternura, essas palavras mornas, essas doces carícias. Mas só quando gozadas honradamente, o pecado eliminado pelo casamento.

INÊS — Depois do casamento não é mais pecado?

ARNOLFO — Não!

INÊS — Então me casa logo, por favor.

ARNOLFO — Se você o deseja o meu desejo é o mesmo; se estou aqui é para casá-la.

INÊS — Será possível?

ARNOLFO — É claro!

INÊS — Como você vai me fazer feliz!

ARNOLFO — Não tenho dúvida de que o himeneu lhe agradará imenso.

INÊS — Você quer mesmo, então, que nós, nós dois...

ARNOLFO — É só o que eu quero.

INÊS — Se isso acontecer; vou enchê-la de carícias.

ARNOLFO — E eu também não penso noutra coisa.

INÊS — Eu jamais percebo quando zombam de mim. Você está falando sério?

ARNOLFO — Evidente! Você não vê, então?

INÊS — Nós vamos nos casar?

ARNOLFO — Eu não disse?

INÊS — Mas quando?

ARNOLFO — Hoje à noite.

INÊS (*Rindo.*) — Hoje mesmo?

ARNOLFO — Hoje mesmo. Lhe provoca riso?

INÊS — Não me contenho.

ARNOLFO — Vê-la contente é tudo que eu desejo.

INÊS — Oh, não sei como lhe agradecer o prazer imenso que eu vou ter com ele!

ARNOLFO — Com quem?

INÊS — Com... Lá...

ARNOLFO — Lá... Lá não é da minha conta! Com que rapidez você escolheu um marido! Mas, me entenda logo, é todo um outro que eu tenho pronto. E, quanto ao cavalheiro *lá*, eu pretendo, se não lhe desagrada, que de agora em diante não haja mais, entre ele e você, nem sombra de contato. E isso é pouco — eu deveria fazer com que ele morresse da doença que diz ter contraído. Bem, quando ele aparecer em casa, à guisa de cumprimento você lhe dá com a porta no nariz; e quando ele bater, você da janela lhe atira uma pedra a fim de que ele entenda que nunca mais deve aparecer. Você me ouviu bem? Ficarei vigiando escondido num canto.

INÊS — Ah, mas ele e tão bonito! E tão...

ARNOLFO — Isso é maneira de falar?

INÊS — Eu não vou ter coragem...

ARNOLFO — Não quero mais conversa. Agora sobe.

INÊS — Mas, como? Você vai querer mesmo...?

ARNOLFO — Já é demais! Quem manda aqui sou eu.
    Sou eu quem fala! Vai! Obedece!

ATO III

CENA I: ARNOLFO, INÊS, ALAIN E GEORGETTE.

ARNOLFO — Sim, foi tudo muito bem, minha alegria é extrema. Vocês executaram minhas ordens com absoluta perfeição, confundindo inteiramente aquele amaneirado sedutor. Para isso é que serve um conselheiro esperto. Sua inocência, Inês, estava sendo explorada. Você bem vê agora aonde tinha chegado, sem nem sequer saber. Se eu não estivesse aqui, você tinha seguido, inocente, o caminho direto da perdição e do inferno. A intenção desse tipo de fedelho afoito é por demais conhecida. Se vestem bem, cheios de fitas e plumas, cabelo comprido, belos dentes, uma conversa bem cheia de mel... Mas, como eu já lhe disse, em vez de pé, têm a pata do demônio. Verdadeiros satanases, cujos desejos monstruosos só se satisfazem com a honra feminina. Desta vez, porém, graças às providências que tomamos, saímos todos com a honra imaculada. A maneira como você atirou a pedra em cima dele, liquidando de vez com todas suas esperanças e artimanhas, tornou ainda mais firme o meu propósito de não adiar o casamento para o qual ordenei que você se preparasse. Antes de tudo, porém, devo dizer algumas palavras que acho salutares. Uma cadeira aqui ao ar livre. (*A Georgette e Alain.*) — Quanto a vocês, se algum dia...

GEORGETTE — Nós não esquecemos nada de tudo o que o senhor recomendou; foi apenas que o outro cavalheiro conseguiu nos convencer de que... Mas...

ALAIN — Se ele alguma vez conseguir entrar aqui de novo, nunca mais volto a beber uma gota de bebida... Além disso, é um idiota; na outra vez nos deu duas coroas de ouro que nem tinham o peso verdadeiro.

ARNOLFO — Bem, preparem a ceia com tudo que escolhi. E, para o nosso contrato, um de vocês dois, quando voltar, me traga aqui o notário que mora do lado de lá da praça.

CENA II: ARNOLFO E INÊS.

ARNOLFO (*Sentado.*) — Inês, pra me escutar, ponha-se mais a meu gosto, levanta um pouco a testa e vira um pouco o rosto.

(*Colocando o dedo na fronte.*) — Agora, olha bem para mim enquanto falo e presta atenção às menores palavras. Vou me casar com você, Inês; cem vezes por dia você deverá agradecer esta honra bendita, lembrando a baixeza onde você nasceu, ao mesmo tempo que admira minha bondade, que a eleva dessa vil condição de camponesa pobre à dignidade burguesa, para partilhar do leito e dos abraços conjugais de um homem que mais de vinte vezes recusou a outras o coração e a honra que agora lhe oferece. Você jamais deverá esquecer, repito, quão insignificante seria sem essa gloriosa ligação conjugal, de modo que a lembrança faça com que você sinta melhor a condição em que vou colocá-la, para que eu jamais venha a me arrepender do que faço agora. O casamento, Inês, não é uma piada. A condição de esposa traz deveres austeros; não pretendo erguê-la a essa posição para deixá-la livre aproveitando a vida. Seu sexo nasceu pra dependência. A onipotência é para quem tem barba. Ainda que sejamos duas partes de um mesmo todo, as duas partes não são nada iguais. Uma é suprema; outra, subalterna. Uma, em tudo, tem que submeter-se à outra, que comanda. A obediência que o soldado bem disciplinado deve a quem comanda, que o criado demonstra ao seu patrão, a criança a seu pai, um frade a seus superiores, não pode nem sequer se comparar à obediência, à docilidade, à humildade e ao profundo respeito que a mulher tem que ter pelo marido, chefe, senhor e dono! Quando ele a olhar com olhar severo, o dever dela é baixar o seu, sem ousar jamais fitá-lo cara a cara, exceto quando ele a favorecer com uma mirada mais terna. As nossas mulheres, hoje em dia, não compreendem isso. Mas não se deixe levar pelo exemplo das outras. Procure não imitar essas tristes levianas de quem a cidade inteira censura as libertinagens e não se deixe tentar pelo maligno, isto é, não dê ouvidos a nenhum peralta. Lembre-se de que, ao fazê-la metade de mim mesmo, ponho minha honra toda em suas mãos, e que essa honra é frágil, e que se fere à toa, e que com este assunto não se brinca. No inferno há caldeirões imensos fervendo eternamente. É neles que se lançam para sempre as mulheres de vida desregrada. Eu não lhe conto contos; portanto, guarda em seu coração o que eu lhe digo. Se você guardar a lição sinceramente e evitar qualquer leviandade, ah, sua alma será branca e sedosa; como um lírio! Mas, se você não se importar com a honra, terá a alma mais preta que carvão. Todos a acharão uma mulher nojenta e chegará o dia em que, pertencendo ao demônio, irá ferver no inferno por toda a eternidade. Que Deus não o permita! Faça uma reverência. Assim como uma noviça que entra no convento deve aprender de cor os seus deveres, a mulher que se casa deve fazer o mesmo. Tenho aqui no meu bolso um escrito importante, que lhe ensinará o ofício de esposa. Ignore o autor — alguma boa alma. Desejo que

isto seja sua única leitura. Tome (*Levante-se.*)
Vejamos se você lê bem.

INÊS (*Lê.*) — *Lições do casamento* ou *Os deveres da mulher casada.* Com exercícios diários.

Primeira lição
A mulher que uma união legal
leva ao leito de um homem
não esqueça esta moral:
apesar do que se vê por aí,
o homem que a tomou,
tomou-a só pra si.

Segunda lição
Só se deve enfeitar
até onde o desejar
o marido que a sustenta;
pois só a ele interessa
sua pele lisa ou sardenta.
A uma esposa recomenda
que outros a achem horrenda.

Terceira lição
Longe expressões estudadas
óleos, pinturas, pomadas,
esses mil ingredientes
que fazem um rosto querido.
Usados diariamente
são drogas mortais pra honra:
esse sacrifício todo raramente é pro marido.

Quarta lição
Ao sair, como a virtude ordena,
deve esconder debaixo de um capuz
a indiscrição do olhar.
Para agradar totalmente ao marido
a ninguém mais deverá agradar.

Quinta lição
Fora dos que o marido convida,
não deve dar acolhida
nem receber mais ninguém.
Esses galanteadores
que só tratam com as senhoras
enfeitam muito os senhores.

Sexta lição
Dos homens, qualquer presente
tem que recusar, veemente.
Pois a época é safada:
ninguém dá nada por nada.

Sétima lição
Por mais que isso a aborreça
caneta, tinta e papel
deve tirar da cabeça.
A ignorância é um escudo.
Num lar realmente honrado
o marido escreve tudo.

Oitava lição
Jantar de muito talher
— em geral de caridade! —
corrompe sempre a mulher.
Deve pois ser proibido,
pois é lá que se conspira
contra a testa do marido.

Nona lição
Para a honra conservar
o jogo tem que evitar
como um defeito funesto,
pois o vício enganador
leva a mulher, muitas vezes,
a perder o jogo e o resto.

Décima lição
Não deve andar na roda
de piqueniques no campo
nem de festinhas da moda,
pois sabem os experientes
que todo esse circular,
de uma ou de outra maneira,
o marido é que vai pagar.

ARNOLFO

Décima primeira lição... Você acaba sozinha; aos poucos eu irei explicando tudo pra você, até que você saiba tudo; palavra por palavra. Lembrei que tenho um compromisso. É um negócio à toa; não demoro. Vai pra dentro e toma todo cuidado com esse livro. Se o notário vier, manda que espere um pouco.

Cena III: Arnolfo (*Sozinho.*)

ARNOLFO — O melhor que eu faço é me casar com ela. Depois posso moldar-lhe a alma como bem desejar. É um pedaço de cera em minhas mãos: darei a ela a forma que eu quiser. Durante minha ausência, quase a arrebataram de mim, devido à sua inocência exagerada. Mas, com tudo isso, ainda acho melhor que a mulher que escolhi erre por esse lado. Essa espécie de erro tem remédio bem fácil. Toda pessoa simples obedece a lições. E quando alguém a desvia do caminho do bem, duas palavras certas fazem com que retorne imediatamente. Mas uma mulher esperta é um outro animal. Nossa sorte toda pende e depende apenas da sua vontade; nada a afastará daquilo a que se propôs, e tudo o que dissermos é orquestra pra surdos. Usa a inteligência para ridicularizar nossas lições, pra transformar seus vícios em virtudes. E pra chegar a seus fins inomináveis encontra desvios capazes de iludir o mais habilidoso. É em vão e é fatigante tentarmos aparar os golpes de uma mulher de espírito: é o próprio demônio, quando intriga. E quando, por capricho, passa sentença sobre nossa honra, não há nada a fazer: lá se vai nossa honra. Mas o meu amiguinho não vai rir por muito tempo; por ser tão boquirroto terá o que merece. Eis um defeito comum a todos os nossos patrícios: quando têm uma aventura de amor o segredo os sufoca e a vaidade tola explode pelos poros de tal maneira que preferem a forca a não falar do caso. Ah, que presas fáceis do demônio são as mulheres que escolhem esses cabeças-ocas! E quando... Mas aí vem ele. Nosso desgosto vai desaparecer à medida que começa a nos contar o dele.

Cena IV: Horácio e Arnolfo.

HORÁCIO — Estou vindo da sua casa. O destino, ao que parece, resolveu que eu jamais vou encontrá-lo lá. Mas irei tantas vezes que, em dado momento...

ARNOLFO — Oh, por favor, deixemos esses inúteis cumprimentos. Nada me encabula mais que cerimônias. Se dependesse de mim, não existiriam.

É um costume maldito, que faz com que as pessoas percam estupidamente metade do seu tempo. Botemos os chapéus, sem mais rotina. (*Se cobre.*) Muito bem! E seus amorecos? Posso saber, Sr. Horácio, como é que vão? Quando me falou eu estava distraído por alguma preocupação; mas depois... refleti muito. Fiquei admirado com a rapidez da sua... entrada, e estou interessado no... desenvolvimento.

HORÁCIO — Ah, depois que lhe confiei meu segredo, meu amor tem sido infortunado.

ARNOLFO — Oh! Oh! Como?

HORÁCIO — O destino cruel fez voltar do campo o dono da beldade.

ARNOLFO — Que azar!

HORÁCIO — E, pior, descobriu imediatamente o segredo de amor que havia entre nós dois.

ARNOLFO — Como, diabo, pôde ele descobrir tão depressa essa aventura?

HORÁCIO — Não sei, mas é uma coisa certa. Eu pretendia, na hora habitual, fazer uma visita a minha jovem amada, quando, com as vozes e as fisionomias alteradas, os dois criados dela impediram-me a entrada. E gritando: "Retire-se, o senhor nos importuna!", bateram rudemente com a porta no meu nariz.

ARNOLFO — Em seu nariz!

HORÁCIO — Neste nariz.

ARNOLFO — A coisa é um pouco forte.

HORÁCIO — Eu quis falar com eles através da porta. Mas a todas as minhas propostas respondiam: "O senhor não entra mais aqui. O patrão proibiu!"

ARNOLFO — E não abriram a porta?

HORÁCIO — Não. E, aparecendo na janela, Inês me deixou certo de que o homem tinha voltado: não só me mandou embora aos gritos como até mesmo me atirou uma pedrada.

ARNOLFO — Uma pedrada?

HORÁCIO — E foi uma dona pedra! Assim me agradeceu com suas próprias mãos as visitas todas que lhe fiz.

ARNOLFO — Que diabo! A coisa não é sopa. O seu negócio não está em bom estado.

HORÁCIO — É verdade. E tudo devido a essa volta infeliz.

ARNOLFO — Tem razão. Meus pêsames por tudo. Estou desolado.

HORÁCIO — O tipo estragou tudo.

ARNOLFO — Bem, mas não há de ser nada; você encontrará um jeito de se reaproximar.

HORÁCIO — Tenho que encontrar um modo, um estratagema, para enganar a vigilância cerrada desse vil ciumento.

ARNOLFO — Não vai ser difícil. A moça, afinal, o ama?

HORÁCIO — Mas não há dúvida.

ARNOLFO — Então a coisa se resolve.

HORÁCIO — É o que eu espero.

ARNOLFO — A pedra, é claro, o deixou tonto; mas não creio que vá fazer com que desista.

HORÁCIO — Mas evidente! E eu compreendi imediatamente que nosso homem estava lá e que era ele quem conduzia tudo, oculto em algum lugar. Mas o que mais me surpreendeu, e vai deixá-lo também boquiaberto, foi um outro incidente que passo a lhe contar; um golpe de audácia de minha jovem amada que, juro, ninguém esperaria da ingenuidade dela. Não se pode negar, o amor é um mestre: o que nunca soubemos, nos ensina um instante; o que jamais pensamos ser, viramos num momento. O que é natural em nós, transforma-se tão depressa que a impressão que temos é de ver milagres. Num instante faz um avaro virar em liberal, um poltrão em valente, um grosseiro em gentil. Torna ligeira alma mais pesada e dá esperteza à alma mais ingênua. Esse último milagre aconteceu com Inês, pois gritando furiosa da janela: "Vai embora, não quero nunca mais suas visitas; já sei suas conversas e aí vai minha resposta", ela me atirou aquela pedra espantosa de que lhe falei. Só que quando caiu a meus pés vinha embrulhada num bilhete. Nunca vi um bilhete tão bem ajustado com um recado e uma pedrada. Não o surpreende uma ação tão hábil? Não está de acordo que o amor aguça o espírito? Alguém pode negar que as chamas da paixão têm um efeito inacreditável sobre a ação humana? Que diz o senhor do golpe e do bilhete? Não está embasbacado com a argúcia desse espírito? Não acha engraçadíssima a figura ridícula que o nosso personagem compõe na história toda? Fala!

ARNOLFO — Engraçadíssima!

HORÁCIO — Então por que não rir? (*Arnolfo faz um riso forçado.*) — Esse cavalheiro, que fez uma fortaleza contra o meu amor, que fecha o meu amor a sete chaves, que montou contra mim um arsenal de pedras como se eu fosse invadir a sua casa com um bando armado, e que, com seu terror ridículo, incita a criadagem a me enxotar até das redondezas, pois é, o cavalheiro em questão é enganado no seu próprio nariz e exatamente por aquela que pensa conservar em extrema ignorância. De minha parte, confesso, embora a volta dele torne muito difícil a minha ação, acho o papel que ele faz tão engraçado que, toda vez que me lembro, não consigo controlar o riso. Mas parece que o senhor não acha tão engraçado quanto eu. Mal e mal deu um risinho.

ARNOLFO (*Com riso forçado.*) — Me desculpe; já ri o que podia.

HORÁCIO — Mas, como amigo, acho que tenho que lhe mostrar a carta. Ela soube escrever com perfeição toda a sua ternura. Mas em termos tocantes, cheios de bondade, de carinhosa inocência, de ingenuidade — pra resumir, é a maneira perfeita com que o ser humano em estado de pureza confessa seu primeiro sentimento de amor.

ARNOLFO (*Baixo, à parte.*) — Ah, canalhinha, para isso lhe serve o alfabeto! Bem que eu não queria que você aprendesse.

HORÁCIO (*Lê.*) — "Desejo lhe escrever mas estou completamente atrapalhada para começar. Tenho alguns pensamentos que gostaria de lhe transmitir, mas não sei como se faz isso e desconfio de minhas palavras. Como estou começando a sentir que fui mantida em ignorância, tenho medo de dizer coisas que não fiquem bem, ou de dizer mais do que devia. Na verdade não sei o que é que você fez comigo; mas morro de vergonha pelo que me obrigam a fazer contra você e lhe digo que passar sem você é para mim a coisa mais difícil do mundo, e a mais agradável é estar com você. Pode ser que eu não deva dizer isso, mas não sei como deixar de dizer; gostaria que nisso não houvesse nenhum mal. Me garantem que todos os rapazes são mentirosos, que não devo escutar o que eles dizem e que tudo o que você me fala é só para abusar de mim. Mas posso lhe garantir que até agora ainda não me convenci de que você me engana e fico tão emocionada com as suas palavras que não posso acreditar que sejam falsas. Me diga, por favor, pois, enfim, como não tenho malícia alguma, seria uma maldade imensa você me enganar; acho que morreria de desgosto.

ARNOLFO (*À parte.*) — Cadelinha!

HORÁCIO — Alguma coisa?

ARNOLFO — Comigo? Não. Estou com tosse.

HORÁCIO — O senhor já viu maior ternura? Apesar de todas as violências de um poder maldito, já conheceu alma que se conservasse naturalmente mais bela? Não é realmente um crime abominável tentar manter em ignorância e estupidez espírito tão claro? Mas felizmente o amor já começou a levantar o véu da ignorância, e se, graças à minha boa estrela, eu conseguir defrontar, como espero esse bruto canalha, carrasco, esse lepra, esse imundo animal...

ARNOLFO — Até logo.

HORÁCIO — Como? Já vai?

ARNOLFO — Lembrei-me agora de um negócio urgente.

HORÁCIO — Um momento! Não conhece ninguém aqui por perto que tenha acesso à casa? Estou pedindo sem escrúpulos pois acho que, nesses casos, os amigos devem se ajudar como puderem. Lá dentro, agora, só tenho gente contra mim, me vigiando o tempo todo; a mucama, o valete — já experimentei tudo — só me tratam, agora, de maneira grosseira e nem querem me ouvir. Durante um certo tempo me ajudou no caso uma velha senhora que tinha para a intriga amorosa um gênio sobre-humano. Me serviu muito bem logo no início; mas morreu terça-feira. Não há nenhum meio de o senhor me ajudar?

ARNOLFO — Não vejo jeito; procura outra pessoa.

HORÁCIO — Adeus, então. Deposito no senhor toda a minha confiança.

Cena V: Arnolfo (*Sozinho.*)

ARNOLFO — Como me mortifica esse fedelho! Como é difícil ocultar a dor que me devora! Sim: que habilidade terrível, oculta em espírito tão simplório! Na minha cara a traidora finge de inocente, enquanto o diabo lhe sopra seus conselhos. O fato é que, para mim, esse bilhete infame é a própria morte. Percebo que o patife lhe corrompeu o espírito e agora tem como seu o que me pertence; esse o meu desespero, minha angústia mortal. Roubado desse amor eu sofro duas vezes: a honra me dói e o coração me estoura.

Enraiveço por ver meu lugar usurpado,
enlouqueço por ver meu bom senso enganado.

Sei bem que para punir sua paixão criminosa bastaria que eu a abandonasse a seu próprio destino — ele me vingaria dela. Mas é triste perder o que se ama. Céus! Depois de gastar tanta filosofia em minha escolha, o que me prende nela é o seu encanto. Ela não tem parentes, amigos, nem dinheiro. Traiu minha confiança, minha bondade, minha ternura, e eu ainda a amo, com toda a traição, a ponto de não poder viver sem seu amor. Imbecil, não tem vergonha? Ah, não posso me conter, eu desespero. Tenho vontade de esbofetear mil vezes a minha própria cara. Vou entrar um instante, só para ver a expressão que me faz depois de tal infâmia. Deus, livrai minha fronte da desonra; mas, se está escrito que a mim também algo aconteça nessa parte do corpo, daime ao menos

pra me ajudar a suportar esse acidente
a mansidão que vejo em tanta gente.

ATO IV

Cena I: Arnolfo (*Sozinho.*)

ARNOLFO — Não posso descansar em parte alguma;
não encontro descanso. Meu espírito está pertur-
bado por mil preocupações, até achar um modo
de organizar aqui dentro e lá fora, para que o
biltre não encontre meios de invadir a praça.
Com que candura a traidora agüentou meu olhar!
Tudo que fez não a mudou em nada; e embora
tivesse ajudado a me empurrar pra cova, quem a
olhasse diria que nem me tocou. Quanto mais
tranqüila eu a via, mais furioso ficava. Porém a
própria raiva que mergulhava meu coração em
chamas parecia acender ainda mais o meu amor
por ela. Eu estava ressentido, irritado, furioso
mesmo contra ela, e contudo nunca me pareceu
tão bela, jamais eu vi seus olhos tão brilhantes,

jamais seus olhos provocaram em mim desejos tão prementes. Sinto que, se o destino consumar em mim a tal desgraça, a minha morte é certa. E eu que orientei sua edução com mil cuidados, e com tanta ternura; trouxe-a pra minha casa desde a infância; depositei nela toda a minha esperança; meu coração batendo a cada encanto novo que nascia nesse corpo que eu acreditei cuidar pra mim durante treze anos! E agora vem esse borra-botas para arrancá-la de mim em minhas próprias barbas quando nós já estamos casados pelo menos a meio. Não, por Deus, pelo demônio, não, meu jovem e tolo amigo, você terá que ser muito mais esperto do que é para vencer a mim, pois, palavra de honra, farei tudo que possa para destruí-lo nessa batalha. Dou-te a palavra: não vais mais encontrar motivo algum para rir de mim.

CENA II: NOTÁRIO E ARNOLFO.

NOTÁRIO — Ah, ei-lo aí. Bom dia. Eis-me aqui pronto para lavrar o contrato que deseja.

ARNOLFO (*Pensando estar só.*) — Como fazer, então?

NOTÁRIO — Acho que o melhor é fazer da forma de costume.

ARNOLFO (*Pensando estar só.*) — Tenho que tomar muito cuidado.

NOTÁRIO — Oh, nada será feito contra seus interesses.

ARNOLFO (*Pensando estar só.*) — Devo me prevenir contra qualquer surpresa.

NOTÁRIO — Deixe os seus negócios nas minhas mãos que eu resolvo tudo. Agora, se tem qualquer receio de ser enganado, não assine o contrato antes de ter recebido.

ARNOLFO (*Pensando estar só.*) — Tenho receio de que a coisa transpire e a cidade toda venha a saber do negócio.

NOTÁRIO — Para impedir essa transpiração basta apenas deixar o negócio sigiloso.

ARNOLFO (*Pensando estar só.*) — Mas como devo agir com referência a ela?

NOTÁRIO — A praxe é que, em caso de morte, ela fique com uma parte proporcional ao que traz como dote.

ARNOLFO (*Pensando estar só.*) — Eu a amo e esse amor me atrapalha tudo.

NOTÁRIO — Nesse caso a mulher pode ficar com o espólio todo.

ARNOLFO (*Pensando estar só.*) — Que tratamento devo eu lhe dar nas circunstâncias?

NOTÁRIO — Não existe regra. O normal é o futuro marido doar um terço dos seus bens à prometida. Mas a lei não é rígida; querendo, pode ceder até onde quiser.

ARNOLFO (*Pensando estar só.*) — Se, porém... (*Vê o notário.*)

NOTÁRIO — Quanto ao precípuo, porém — o principal! —, a regra é uma administração conjunta. Mas quero repetir: ao proposto marido cabe sempre o direito de abrir mão de tudo em favor da futura.

ARNOLFO — Hein?

NOTÁRIO — Quando o prometido ama muito a futura, pode favorecê-la: a) por dotação; b) por legação; c) ou por procuração, que se extingue, esta, um dos dois falecendo. Ou, ainda mais, sem reversão — que é quando vai direto da esposa a seus herdeiros. Ou por estatuição, que estabelece vontades, detalhes, posses, o que fica, o que vai, o que falta, o que sobra. Ou por alienação, que é pura presenteação, um dando ao outro o que bem entende, de forma que pode ser singular ou mútua — sem a necessidade de qualquer contrato formal. Toma lá, dá cá. Mas por que vira as costas? Por acaso estou falando besteiras? Será que não sei as formas de um contrato? Alguém vai me ensinar agora? Presumo que não há ninguém capaz... aqui. Então pensa que eu não sei que quando há um conúbio entre duas pessoas, elas têm direito comum a móveis, dinheiro, imóveis e proventos, a não ser que abram mão do direito por um ato público de renúncia? Ignoro, por acaso, que uma terça parte de tudo que é da esposa deve entrar na comunhão, a fim de...?

ARNOLFO — Ninguém duvida que sabe disso tudo. Mas quem puxou tal assunto?

NOTÁRIO — O senhor, que pretende me fazer passar por idiota se virando de costas e fazendo caretas enquanto eu falo.

ARNOLFO — A peste se fez homem e nem mudou de cara. Adeus! Há maneira mais simples de me livrar do senhor?

NOTÁRIO — Não fui chamado aqui para lavrar um contrato?

ARNOLFO — Foi, eu o mandei chamar; mas o negócio foi adiado. Mandarei avisá-lo novamente quando for o momento. Que homem mais maçante! Me enche a paciência!

NOTÁRIO (*Só.*) — Eu acho que é maluco! Eu acho certo.

CENA III: NOTÁRIO,
ALAIN E GEORGETTE.

NOTÁRIO (*Avançando para Alain e Georgette.*) — Vocês não me chamaram para atender ao patrão?

ALAIN — Foi.

NOTÁRIO — Eu não sei qual é a opinião que vocês têm dele, mas digam a ele que eu mandei dizer que nunca vi um doido mais maluco.

GEORGETTE — Pode deixar; não esqueceremos.

Cena IV: Arnolfo, Alain e Georgette.

ALAIN — Patrão...

ARNOLFO — Venham cá! Vocês são meus amigos fiéis, bons e verdadeiros; tenho notícias.

ALAIN — O notário...

ARNOLFO — Deixemos o notário para outro dia. Há um plano sinistro para manchar minha honra; e que desgraça, meus filhos, seria a de vocês, se alguém conseguisse destruir minha reputação! Vocês não poderiam mais aparecer em parte alguma, pois seriam apontados por quem quer que os visse. Assim, como o assunto afeta tanto a vocês quanto a mim, advirto-os para que tomem todo o cuidado a fim de que o tal galante não possa, de maneira alguma...

GEORGETTE — O senhor acabou de nos ensinar essa mesma lição.

ARNOLFO — Mas é preciso cuidado pra não cair na lábia dos discursos dele.

ALAIN — Ah, sim!

GEORGETTE — Nós sabemos nos defender.

ARNOLFO — Mas se ele vier de mansinho: "Alain, meu companheiro, estou desesperado. Ajuda meu coração, fingindo que não vê".

ALAIN — Que imbecil!

ARNOLFO — Isso! (*A Georgette.*) — "Georgette queridinha, você parece tão meiga, toda ternurinha!..."

GEORGETTE — Que palhaço!

ARNOLFO — Acertou. (*A Alain.*) — "Que mal você encontra numa conversinha à-toa, com intenção honesta?"

ALAIN — Deixa de ser patife!

ARNOLFO — Excelente! (*A Georgette*) — "A minha morte é certa se você não ajudar a diminuir estas dores que sinto."

GEORGETTE — Mas que cara-de-pau, que falta de vergonha!

ARNOLFO — De primeira! (*A Alain*) — "Eu não sou homem de pedir favores sem dar nada em troca; tenho boa memória para os que me ajudam. Portanto, Alain, só como adiantamento pega aí, para matar a sede. E aqui, você, Georgette, para um bom par de meias. (*Os dois estendem as mãos e apanham o dinheiro.*) — Isso é só uma amostra do que pretendo dar a ambos; e peço muito pouco, apenas o favor de me deixarem olhar um minuto nossa bela patroa.

GEORGETTE (*Empurrando-o.*) — Vai cantar noutra freguesia!

ARNOLFO — Muito bem!

ALAIN (*Empurrando-o*) — Chega! Fora daqui!

85

ARNOLFO — Perfeito!

GEORGETTE (*Empurrando-o.*) — Mas vai logo!

ARNOLFO — Está bom. Chega. Já é bastante!

GEORGETTE — Não estou fazendo certo?

ALAIN — Não é dessa maneira que devemos fazer?

ARNOLFO — Assim, sim, exceto com relação ao dinheiro, que não deverão aceitar.

GEORGETTE — Nem nos lembramos disso.

ALAIN — Ensaiamos de novo?

ARNOLFO — Oh, não. Já basta. Agora vão para dentro.

ALAIN — Não quer mais nada, então?

ARNOLFO — Não; podem entrar. Fiquem com o dinheiro. Vão! Também já vou pra dentro. Olhos abertos!

Cena V: Arnolfo (*Sozinho.*)

ARNOLFO — Agora, como espião que veja tudo e todos, vou contratar o sapateiro da esquina. Pretendo manter Inês fechada em casa o dia inteiro, e sempre vigiada. E sobretudo não deixar que entrem aqui vendedores de fitas, de luvas, de perucas, cabeleireiras e penteadoras, vendedores e revendedores, toda essa malta, cujo fim secreto é fazer triunfar amores obscenos. Enfim, conheço o mundo e suas mil falsetas. Nosso amoroso tem que ser mesmo esperto para fazer entrar aqui qualquer recado.

Cena VI: Horácio e Arnolfo.

HORÁCIO — Este lugar me dá sorte, volta e meia o encontro aqui. Acabo de escapar de uma, que nem lhe diga nada! Assim que saí daqui, naquela hora, vi surgir na varanda, quando eu nem esperava, a minha bela Inês, que respirava um pouco do ar fresco das árvores vizinhas. Depois de me fazer um sinal, conseguiu descer até o jardim e me abriu a porta. Porém, mal tínhamos entrado nos aposentos dela, ouvimos o ciumentão subindo a escada. E tudo que nos ocorreu, no breve instante, foi eu me introduzir dentro de um armário. Imediatamente o homem entrou no quarto. Eu não o via, mas sentia que andava pra lá e pra cá, em passos fortes, sem dizer nem mesmo uma palavra mas suspirando fundo, suspiros lamentáveis. De vez em quando dava no armário socos violentos, que me apavoravam; e o cachorrinho da casa, que ousou entrar no quarto, levou tal pontapé que ainda está ganindo. Pra terminar, num acesso de ira, atirou pelo ar tudo que ia achando; até mesmo as jarras preciosas com que o meu amor enfeita a lareira. É evidente que esse corno embrião já sabe alguma coisa do que há entre nós. Afinal, tendo descarregado a imensa raiva sobre uma centena de objetos que não podiam reagir, nosso incansável ciumento, sem dizer uma palavra sobre o que o torturava, abandonou o quarto. E eu, no meu esconderijo. Com medo de que ele voltasse, não pudemos tirar as vantagens naturais do fato de estarmos juntos; era arriscar demais. Ficou para esta noite. Já está combinado: quando já for bem tarde, silencioso e ardente entro no quarto dela. Quando eu tossir três vezes, a janela se abre. Aí, com uma escada e a ajuda de Inês, meu amor tentará a divina escalada. Lhe conto tudo isto porque é meu único amigo. A alegria do amor aumenta, repartida. Uma aventura amorosa, por perfeita que seja, não nos satisfaz de todo se ninguém sabe dela. Vejo que torce por mim, pela expressão do seu rosto. Adeus. Vou arranjar as coisas necessárias.

CENA VII: ARNOLFO (*SOZINHO.*)

ARNOLFO — O quê? Os astros que se obstinam em me destruir não me dão tempo nem de respirar? Essa combinação que existe entre eles conseguirá destruir toda a minha prudência e ultrapassar a minha vigilância? Na idade em que estou devo servir de joguete a uma menina tola e um jovem estabanado? Durante vinte anos, filósofo discreto, fiquei observando a vida dos casados a fim de me instruir dos males e azares que faziam infelizes mesmos os mais prudentes. Tirando experiência das desgraças alheias, procurei uma esposa que não trouxesse ameaças à minha pobre testa, pois desejava mantê-la diferente de todas as que vejo. Com objetivo tão nobre, achei que já aprendera tudo que existia na política das relações humanas; mas, como se estivesse escrito no livro do destino que nenhum homem aqui embaixo deixará de pagar o triste imposto, depois de toda a minha experiência e de todas as luzes com que me iluminei em tal matéria, depois de mais de vinte anos de meditação a fim de me orientar com toda a segurança, evitando todos os caminhos antes percorridos por todos os maridos, aqui me encontro, de repente, igualzinho a todos. A desgraça é a mesma! Ah, destino carrasco, eu lhe falei mentiroso! O objeto que almejo ainda está comigo; se o malfeitor precoce roubou-me já o coração dela, vou tornar impossível que me roube o resto. Esta noite, que escolheram para arrematar a aventura galante, não vai ser tão tranqüila quanto pensam. No meio disso tudo, o que me dá prazer é que o próprio galante é que vem me informar como pôs a armadilha. O infeliz trapalhão, que me quer destruir, elegeu confidente o seu próprio rival.

Cena VIII: Crisaldo e Arnolfo.

CRISALDO — Como é; vamos cear antes ou depois do passeio?

ARNOLFO — Não; não como nada hoje.

CRISALDO — Você está brincando.

ARNOLFO — Brincando? Desculpe; tenho mais do que cuidar.

CRISALDO — Seu casamento não vai mais...?

ARNOLFO — Você se preocupa muito com a vida alheia.

CRISALDO — Oh, por que ficou assim, tão de repente? O que é que o atormenta? Algum infortúnio impede o seu amor? Eu jurava que sim, pela expressão do seu rosto.

ARNOLFO — A mim, aconteça o que for, pelo menos não sou como certas pessoas, que aceitam mansamente o cerco dos galantes.

CRISALDO — É uma coisa estranha que você, um homem tão brilhante, esteja sempre assustado com esse assunto único; que baseia toda a sua felicidade apenas nesse tópico e ache que não há no mundo outra espécie de honra. Ser miserável, brutal, canalha, covarde ou mentiroso é, pra você, coisa sem importância, comparada com isso; e viva um homem a vida mais nojenta, é pra você um homem honrado, se não for cornudo. Afinal, como você concluiu que toda a nossa glória depende de um mísero acidente e que um homem bem formado deve se censurar por uma situação que não depende dele? Por que acha você que um homem, ao escolher esposa, é o responsável total por tudo o que ela faz e deve transformar numa coisa espantosa a afronta que recebe, por ela não ser fiel? Meta em sua cabeça que um chifre, quando se tem outros motivos de viver, não é uma doença fatal. E que, como ninguém pode afirmar que não o tem, a coisa deve ser encarada com mais suavidade. O mundo ri na proporção da gravidade com que se enfrenta a coisa. Para agir com bom senso nessas circunstâncias, devemos, como em tudo, evitar os extremos: não imitar os simplórios que se orgulham da mulher que os engana, e estão sempre, sem saber, facilitando o caminho, elogiando sempre os seguidores dela. Esses ajudam a mulher a adorná-los, vão às festas com ela, ficam contentes com os presentes que ela recebe diariamente, e é tal o seu comportamento que todos têm razão em ridicularizá-los. Esse procedimento, sem dúvida, é reprovável, mas também é censurável o extremo oposto. Se não aprovo os que se fazem íntimos dos amantes, também não estou de acordo com esses tipos violentos, cujo ressentimento é tão indiscreto que abre os olhos de todo mundo; parecem até desejar que ninguém ignore o que lhes acontece. Entre os dois há uma posição decente onde um homem prudente deve se colocar; se se sabe levar, pode-se viver com calma quando a mulher resolve nos pôr sobre a cabeça uma coroa de espinhos. Digam o que disserem, ser cabrão não é, afinal, tão escabroso. Isto é: desde que não se queira agarrar o touro pelos chifres.

ARNOLFO — Depois de um discurso tão bonito, a irmandade toda deve um voto de louvor a Vossa Senhoria; depois de ouvi-lo falar, qualquer um sente logo a vontade de se inscrever no clube.

CRISALDO — Eu não disse isso: foi isso exatamente o que eu condenei. Mas como escolher mulher é um jogo de azar, devemos fazer como no jogo de cartas; se não nos vem a carta que queremos, temos que conservar a calma e o raciocínio, compensando o que a sorte não deu com a nossa habilidade.

ARNOLFO — É dormir e comer bem, e se persuadir de que o resto não importa.

CRISALDO — Você transforma tudo em zombaria. Mas, para simplificar, conheço na vida pelo menos cem coisas que me assustam mais que um par de chifres e que eu consideraria um infortúnio bem maior do que esse que tanto o apavora. Você acha que, se me fosse dado escolher, eu não preferiria ser isso de que falamos a estar casado com uma mulher honesta cujo mau humor transforma a vida em inferno, um desses dragões da virtude, bruxas da santidade, que nos jogam na cara a todo momento aquilo que não fazem? Uma vez mais, compadre, o chifre é o uso que fazemos dele. Há ocasiões em que até é abençoado, pois tem seu lado bom, como todas as coisas.

ARNOLFO — Se o seu ânimo é ficar satisfeito, quando lhe acontecer... Eu não pretendo experimentar. E, a submeter-me a tal vergonha... eu juro...

CRISALDO — Deus do céu, não jure! Quem jura em semelhante assunto cedo ou tarde abjura. Se o destino trançou o seu adorno, qualquer precaução será inútil. Ninguém vai lhe perguntar se você está de acordo!

ARNOLFO — Cornudo, eu? Eu?

CRISALDO — A doença não mata. Milhões já a tive-
ram e eram pessoas — não quero ofendê-lo —
de posição, fortuna, nome, sem comparação.

ARNOLFO — Nem eu quereria uma comparação
com essa gente. Mas, se você quer saber, essa
conversa toda já me encheu as medidas. Para-
mos por aqui.

CRISALDO — Você está exaltado. Talvez tenha razão.
Adeus. Mas não se esqueça, seja para onde for que
a honra o oriente: passar a vida inteira pensando
em não ser isso já é ser meio isso.

ARNOLFO — Pois eu juro de novo! Contra esse
acidente tenho os meus processos.

Cena IX: Arnolfo, Alain e Georgette.

ARNOLFO: Meus amigos, é nesta ocasião que eu
necessito de assistência plena. Estou sensibilizado
com a afeição que sempre demonstraram. Mas é

neste momento que ela vai ser posta à prova; e se me servirem com a eficiência que espero podem contar com recompensa generosa. O homem que vocês sabem — eh-eh, nem uma palavra! — vai, segundo me informaram, tentar me enganar esta noite penetrando no quarto de Inês por uma escada. Porém, nós três vamos lhe preparar uma cilada. Cada um de vocês vai pegar um cacete bem grosso e, quando ele estiver no alto da escada (pois no momento certo vou abrir a janela, fingindo ser Inês), ambos caem a pauladas no patife, de modo que as costas dele jamais esqueçam a lição e recue com medo se em qualquer tempo ele ousar tomar de novo este caminho. Isso, está visto, sem que meu nome seja pronunciado uma só vez, sem dar a perceber que estou por trás. Sentem coragem de apoiar minha indignação?

ALAIN — Se é só bater, patrão, deixa conosco. O senhor verá, quando eu baixar o pau, que pontaria!

GEORGETTE — Quanto a mim, já que não posso bater com a mesma força, levarei um cacete maior.

ARNOLFO — Pois então, entrem, mas nem um pio. (*Só.*) Uma lição de mestre aos meus vizinhos! Se todos os maridos que conheço recebessem os amantes das esposas com o calor com que recebo este, o número de chifres da cidade seria bem menor.

ATO V

Cena I: Arnolfo, Alain e Georgette.

ARNOLFO — Desgraçados, por que é que foram bater no homem com tanta violência?

ALAIN — Não fizemos mais, senhor, do que obedecer.

ARNOLFO — Não adianta me vir com essa desculpa. A ordem era surrá-lo; não matá-lo. Era bater nas costas, nunca na cabeça. Deus do céu! que encrenca terrível acabam de arranjar. Agora o que é que eu vou fazer com esse homem morto? Entrem já pra dentro — e nem uma palavra! (*Sozinho.*) — O dia se aproxima. Tenho que pensar bem depressa em como me comportar nessa emergência. Ai, o que vai ser de mim? E que dirá o pai quando, a qualquer momento, souber do que aconteceu?

CENA II: HORÁCIO E ARNOLFO.

HORÁCIO (*À parte.*) — Deixe eu ver quem é esse que está aí.

ARNOLFO (*Pensando estar sozinho.*) — Como é que eu ia pensar...? (*Esbarrando em Horácio, que não reconhece.*) — Ei, quem vem lá?

HORÁCIO — É o senhor, Sr. Arnolfo?

ARNOLFO — Sou eu. Quem é o senhor?

HORÁCIO — Horácio. Ia exatamente à sua casa pedir-lhe um obséquio. O senhor levantou muito cedo!

ARNOLFO (*Baixo, à parte.*) — Que coisa estranha! Será um espírito? Uma alucinação?

HORÁCIO — Estou, para ser simples, numa encrenca terrível e agradeço aos céus por havê-lo encontrado com tanta rapidez. Vou logo lhe contando que tudo foi melhor do que eu previa, e por um acidente que quase destruiu meu plano todo. Não tenho a menor idéia de como o ciumento suspeitou do nosso encontro. Mas eu já ia penetrar no quarto quando, assustado, vi aparecerem umas pessoas que, me empurrando bruscamente, fizeram-me perder o equilíbrio. Caí lá embaixo, mas isso, que me deixou todo arranhado, salvoume de uma surra de pau bem violenta. Pois aquelas pessoas, entre as quais, estou certo, estava meu rival, atribuíram minha imobilidade aos golpes que me deram e, como eu permanecesse sem me mexer por algum tempo, acreditaram que eu estava morto e fugiram alarmados. Ouvi tudo que aconteceu: um acusava o outro pelo assassinato, e os dois, depois, pé ante pé, em silêncio, na escuridão, vieram, amedrontados, apalpar meu cadáver. Aproveitei o escuro e suspendi a respiração: nem um cadáver mesmo ficaria tão imóvel. Eles fugiram apavorados. E, enquanto eu pensava na maneira de escapar, a bela Inês, tremendo de aflição ao saber que eu tinha morrido, se aproximou de mim cheia de afeto. Pois os gritos dos tais tinham chegado a ela cá de baixo e, aproveitando a confusão reinante, ela escapou facilmente para vir ver meu corpo. Ao ver que eu estava vivo, se atirou nos meus braços em tais demonstrações, que realmente eu nem sei descrever. Preciso dizer mais? A jovem encantadora resolveu seguir o impulso do seu coração, não quis mais voltar pra casa dela, e entregou seu destino em minhas mãos. O senhor pode julgar agora, por esse gesto de confiança extrema, a que perigo está exposta a moça pela intolerância desse que a tutela. Já imaginou se se tivesse oferecido assim a um inescrupuloso? Mas minha paixão, embora ardente, é pura. Prefiro morrer a abusar dessa jovem. As qualidades dela merecem o mais belo destino. Agora só a morte separará nós dois. Já estou vendo a cara furiosa de meu pai; mas vamos esperar um tempinho para convencê-lo. Não resisti aos encantos de Inês — tenho que pagar por isso o que a vida exigir. O que eu lhe peço, afinal, encarecidamente, como único amigo em que confio, é que tome a minha amada sob a sua proteção. Que me deixe escondê-la em sua casa ao menos uns dois dias. Assim, além de evitar que o maldito animal venha a encontrá-la, também nos protegemos das más-línguas. Morar só com um rapaz pode estragar a reputação de moça tão bonita. E como é ao senhor que confio o meu segredo, por estar certo de sua discrição, é também ao senhor, como amigo generoso, que quero confiar meu tesouro amoroso.

ARNOLFO — Estou aqui, não duvide, apenas pra servi-lo.

HORÁCIO — Jamais poderei pagar o favor que me presta.

ARNOLFO — Não tem de quê, nem de nada, ora veja. Eu pedia a Deus essa oportunidade. Dou graças ao céu por colocar você assim nas minhas mãos, tão dependente. Nunca fiz um favor com tamanha alegria.

HORÁCIO — Tremendamente obrigado; é bondade excessiva! Temi que houvesse algum impedimento do seu lado. Mas é um homem do mundo, tem a sabedoria para me desculpar esse ardor juvenil. Um dos meus empregados está com a jovem ali, um pouco além da esquina.

ARNOLFO — Mas como hei de fazer? O dia se levanta. Se a encontro aqui alguém pode me ver; e, se você vier à minha casa, não poderá se ocultar da criadagem. Vamos jogar no certo: você me passa a moça num lugar bem escuro. O caminho de casa nos convém: vai lá, eu espero.

HORÁCIO — Eu nem pensaria em tomar precauções. Se está em suas mãos, está segura. Vou deixá-la com o senhor e corro para casa.

ARNOLFO (*Sozinho.*) — Ah, destino! Este pequeno instante propício repara para mim todos os males com que me vitimou o seu, capricho! (*Esconde-se no manto.*)

CENA III: INÊS,
HORÁCIO E ARNOLFO.

HORÁCIO (*A Inês.*) — Não fique preocupada com o lugar aonde vou levá-la. É um lugar seguro. Você morar comigo estragaria tudo. Entre por essa porta e deixe que a conduzam. (*Arnolfo pega a mão dela sem ser reconhecido.*)

INÊS (*A Horácio.*) — Por que você me deixa?

HORÁCIO — É preciso, meu amor.

INÊS — Mas, lhe peço, não demore.

HORÁCIO — Não precisa pedir; o calor da paixão já me apressa bastante.

INÊS — Eu fico triste quando não o vejo.

HORÁCIO — Quando não a vejo eu também fico triste.

INÊS — Ah, se fosse verdade, você não ia embora.

HORÁCIO — O quê? Você duvida do meu amor ardente?

INÊS — Não! Mas você não me ama metade do que eu amo. Ah, não me puxa! (*Arnolfo tenta arrastá-la*).

HORÁCIO — Querida Inês, é que é muito perigoso que alguém nos veja aqui, juntos. E esse amigo perfeito, que procura arrastá-la, só o faz porque é zeloso de nossos interesses.

INÊS — Mas, vou seguir um estranho...

HORÁCIO — Não tenha medo; você não poderia estar mais bem guardada.

INÊS — Podia, se estivesse com meu amor. Horácio, eu... (*Arnolfo a puxa.*) Espera!

HORÁCIO — Adeus. O dia me expulsa.

INÊS — Quando é que eu vou vê-lo de novo?

HORÁCIO — Fica tranqüila: logo.

INÊS — Como vou me aborrecer até esse "logo"!

HORÁCIO (*Se afastando.*) — Graças a Deus, minha felicidade não tem mais concorrente; posso ir dormir tranqüilo.

Cena IV: Arnolfo e Inês.

ARNOLFO (*Escondido no manto e disfarçando a voz.*) — Venha, não é aí que pretendo escondê-la. Preparei um lugar onde ficará mais segura. (*Mostrando-se.*) — Você me conhece?

INÊS (*Reconhecendo-o*). — Ai!

ARNOLFO — Minha cara a amedronta, safadinha? Não parece lhe dar muito prazer minha presença. É evidente que empato os pequenos projetos da aventura amorosa. (*Inês procura Horácio.*) — Não adianta gastar seus olhos vendo se encontra o sedutor. Ele já está longe demais para vir ajudá-la. Ah! Ah! Tão mocinhos ainda e já com tantos truques. Sua simplicidade, que nunca teve igual, pergunta ingenuamente se os filhos se fazem pelo ouvido; no entanto, marca encontros noturnos e sabe se esgueirar sem um ruído para seguir o amante! E como usa a língua quando está com ele! Deve ter freqüentado uma excelente escola! Que professor, diabo, lhe ensinou tanta coisa em tempo assim tão curto?

Também não tem mais medo de almas do outro mundo? Parece que o galã lhe dá coragem para a noite toda. Fingida! Como é que conseguiu tramar tantas perfídias? Agir assim comigo depois de tudo que lhe fiz de bem. Alimentei no seio uma serpente e, assim que cresceu, demonstra gratidão mordendo a mim, que só lhe dei carinho.

INÊS — Por que me grita assim?

ARNOLFO — Vai começar a dizer que estou errado!

INÊS — Não vejo nenhum mal em nada do que fiz.

ARNOLFO — Ah, então ter um amante não é nada de mal?

INÊS — É um homem que garantiu que vai casar comigo. Segui as lições que o senhor me ensinou: é preciso casar pro amor não ser pecado.

ARNOLFO — É: mas eu é quem pretendia fazê-la minha esposa. E me parece que quando conversei com você deixei isso bem claro!

INÊS — Deixou. Mas vou falar verdade: eu acho ele muito mais agradável. Com o senhor o casamento é uma coisa penosa e aborrecida, e quando o vejo falar de casamento tenho a impressão de coisa insuportável. Quando, porém, é ele que descreve a vida de casado, eu vejo um quadro tão cheio de delícias que quero casar logo.

ARNOLFO — Então você o ama, traidora?

INÊS — E como!

ARNOLFO — E tem a ousadia de dizer assim, na minha cara?

INÊS — E por que não? Não é verdade? Não, se deve dizer?

ARNOLFO — E quem lhe deu licença para amá-lo, atrevidaça?

INÊS — Ué, eu podia evitar? O culpado foi ele. Eu nem pensava, e quando a coisa surgiu, já vinha pronta.

ARNOLFO — O seu dever era evitar o desejo amoroso.

INÊS — Como é que se evita o que nos dá prazer?

ARNOLFO — Lhe dá prazer mas só me dá desgosto. Você não sabia?

INÊS — Eu? De modo algum. Como ia saber que agradando lá desagradava aqui?

ARNOLFO — Tem razão; eu devia dar pulos de alegria. Mas, concluindo, não sente por mim nenhum amor?

INÊS — Pelo Senhor?

ARNOLFO — Por mim.

INÊS — Acho que não.

ARNOLFO — Como "acho que não"?

INÊS — Prefere uma mentira?

ARNOLFO — Mas por que não me ama, dona leviandade?

INÊS — Deus do céu! A culpa não é minha. Por que não se fez amado, como ele? Por acaso eu o impedi? Creio que não.

ARNOLFO — Fiz tudo ao meu alcance, mas o esforço foi em vão e o tempo, perdido.

INÊS — Pois então é que ele entende mais do assunto: pra se fazer amar não fez esforço algum.

ARNOLFO (*À parte.*) — Vejam como argumenta a desgraçada! Peste! Uma mulher do mundo não diria melhor. Ah, eu não a conhecia. Por minha fé, ou eu sou um imbecil ou a mulher mais ingênua entende mais de amor do que um sábio. (*A Inês.*) — Já que sabe raciocinar tão habilmente, me diga então se acha, linda argumentadora, que eu a engordei todo esse tempo para o jantar de outro?

INÊS — Não acho. Ele devolverá até o último níquel todo o dinheiro que você gastou comigo; até o último níquel!

ARNOLFO (*À parte, baixinho.*) — Essas respostas prontas me irritam ainda mais. (*Alto.*) — Mas você acha, espertinha, que ele tem bens bastantes para se ressarcir das obrigações todas que você me deve?

INÊS — Não acho que eu lhe deva tanto quanto o senhor pensa.

ARNOLFO — Então não custa nada cuidar de você desde a infância?

INÊS — Realmente o senhor tomou todos os cuidados para que eu recebesse educação esmerada. Pensa então que me iludo a ponto de não saber que sou uma idiota? Me envergonho de mim; mas, na idade em que estou, não quero mais passar por imbecil — se puder.

ARNOLFO — Assim, você fugiu da ignorância e foi aprender tudo o que sabe agora na escola daquele sedutor.

INÊS — Adivinhou. Ele é que me ensinou o pouco que hoje sei, mas que é muito mais do que aprendi com o senhor.

ARNOLFO — Não sei o que me impede de acabar essa bravata com um lindo tabefe. Fico morto de raiva recebendo respostas tão precisas e frias. Só me aliviaria lhe dando uns bons socos na cara.

INÊS — É só querer; eu lhe pertenço.

ARNOLFO (À *parte.*) — Essa palavra agora e o jeito desse olhar desfazem minha cólera. Minha ternura volta — já não acho mais que seja tão culpada. Coisa estranha é o amor; como os homens são fracos diante desses seres cheios de perfídias. Todo mundo conhece a imperfeição da mulher — extravagante, indiscreta, espírito mesquinho, alma frágil, compreensão nenhuma. Não há nada mais fraco, mais estúpido; nada mais infiel. E, apesar disso tudo, o mundo só trabalha pra esses animais. (*A Inês.*) — Bem, façamos as pazes. Eu lhe perdôo tudo, minha traidorinha, e lhe devolvo meu amor exato como era; e, considerando a ternura que assim eu lhe dedico, e vendo o bom que eu sou, você deve corresponder ao meu amor.

INÊS — Do fundo do meu coração eu lhe retribuiria. Infelizmente não está em meu poder.

ARNOLFO — Oh, minha queridinha, é só você querer. Escuta meus suspiros de amor, contempla este olhar moribundo, examina toda a minha pessoa e logo esquecerá esse pobre fedelho e o amor que lhe dedica. Deve ter lançado em você algum feitiço. Comigo será mil vezes mais feliz. O que você gostaria é de ser livre e elegante; prometo realizar os seus desejos sempre. Vou mimá-la dia e noite, abraçá-la, eu a beijarei sem cessar. Eu a devorarei! E deixarei que você se comporte como bem entender. Pra dizer tudo, nunca hei de entrar nos teus particulares. (*À parte, baixo.*) — Até que extremos a paixão nos leva! (*Alto.*) — Em suma: nada igualará o meu amor. Que prova você exige que eu lhe dê, ingrata? Quer me ver chorando? Que eu me esbofeteie? Que arranque de mim mesmo um tufo de cabelos? Que me mate? Vamos, diz o que quer! Estou pronto, perversa, a lhe provar minha paixão.

INÊS — Tudo que o senhor disse nem me atingiu o coração. Com só duas palavras Horácio conseguiu muito mais.

ARNOLFO — Ah, é me insultar demais! É atiçar minha fúria além do suportável! Pois vou fazer o que desejo, animalzinho indócil. Agora mesmo a levarei pra fora da cidade. Zombando dos meus protestos de amor você me obriga a isso: uma cela de convento vai me vingar de tudo.

CENA V: ARNOLFO, INÊS E ALAIN.

ALAIN —Eu não sei o que aconteceu, patrão, mas me parece que Inês e o cadáver fugiram juntos.

ARNOLFO — Ela está aqui. Leve-a lá em cima e tranque-a no quarto. (*À parte.*) — Horácio não poderá pensar que ela está aqui. E, além do quê, é só por meia hora. Vou procurar uma carruagem para levá-la ao campo, a um lugar bem seguro. (*A Alain.*) — Tranque-a bem e não tira os olhos de cima dela um instante. (*Sozinho.*) — Talvez quando estiver imersa em solidão compreenda que toda a sua paixão não vale nada.

CENA VI: ARNOLFO E HORÁCIO.

HORÁCIO — Ah, venho procurá-lo lacerado de dor. O céu, Sr. Arnolfo, decretou meu infortúnio. E por um toque cruel de infinita injustiça pretende me separar da beleza que adoro. Meu pai, aproveitando o frescor da manhã, viajou para cá; acabo de encontrá-lo no momento exato em que chegava. E a razão dessa vinda, que, como eu tinha dito, me era completamente desconhecida, para minha desgraça vim a saber agora. Sem sequer me avisar por uma carta, já me casou com alguém que nem conheço; está aqui pra celebrar as bodas. Julgue, veja se não é justo o meu abatimento, se podia ter-me acontecido infortúnio pior. O tal Henrique, do qual ontem eu lhe pedi informações, é o motivador da infelicidade que me arrasa a vida. Vem junto com meu pai completar minha ruína; é à filha única dele que os dois me destinam. Assim que me disseram eu pensei que morria; não quis ouvir mais nada. Depois que meu pai disse que vinha visitá-lo eu saí correndo, com a alma aflita, para lhe pedir encarecidamente que não revele nada do meu amor secreto. Receio enfurecê-lo. E, por favor, já que ele tem tamanha confiança no senhor, procure dissuadi-lo desse outro enlace.

ARNOLFO — Oh, farei tudo!

HORÁCIO — Vê se o aconselha a adiar um pouco. É um favor de amigo.

ARNOLFO — Já sei o que vou dizer.

HORÁCIO — Só no senhor eu confio.

ARNOLFO — Faz bem! Faz bem!

HORÁCIO — Eu o considero um verdadeiro pai. Fale da minha idade... Ei, lá vêm eles. Vou lhe dar argumentos que poderá usar. (*Os dois vão para um canto.*)

117

Cena VII: Henrique, Oronte, Crisaldo, Horácio e Arnolfo.

HENRIQUE (*A Crisaldo.*) — Logo que eu o vi, sem que ninguém me dissesse sequer uma palavra, eu me lembrei de você. Reconheci em você os traços daquela sua adorável irmã a quem o destino, tantos anos atrás, me deu a felicidade de esposar. Ah, que homem feliz eu não seria se a sorte cruel me devolvesse essa companheira amada, para revermos juntos, aqui, depois de tanta infelicidade, todos os amigos e parentes que a vida dispersou. Uma vez, porém, que a força irreversível do destino nos privou para sempre daquela presença tão amada, alegremo-nos em ver o único fruto que resultou de nosso amor tão grande. Sua opinião é importante; sem seu consentimento eu não faria nada. Resolvi que ela case com o filho de Oronte, que me parece uma escolha extremamente honrosa. Mas é preciso que a escolha o satisfaça tanto quanto a mim.

CRISALDO — É ter má opinião do meu julgamento achar que vou me opor a escolha tão prudente.

ARNOLFO (*À parte, a Horácio.*) — Pode deixar que eu falo e o caso decide.

HORÁCIO (*À parte, a Arnolfo.*) — Uma vez mais, lhe peço...

ARNOLFO (*A Horácio.*) — Calma, descansa. (*Deixa Horácio e vai abraçar Oronte.*)

ORONTE (*A Arnolfo.*) — Ah, que prazer enorme é abraçá-lo.

ARNOLFO — Que alegria imensa sinto em vê-lo.

ORONTE — Sabe que eu vim aqui para...

ARNOLFO — Não precisa dizer; já me informaram.

ORONTE — Já lhe contaram tudo?

ARNOLFO — Tudo.

ORONTE — Tanto melhor.

ARNOLFO — O seu filho, porém, se opõe ao casamento. Como já tinha um outro compromisso de amor, considera sua decisão uma infelicidade. Chegou a me pedir que eu lhe falasse. Para dissuadi-lo! De minha parte, porém, tudo que posso aconselhar é que exerça sua autoridade de pai e realize o casamento sem qualquer demora. Os jovens têm que ser tratados com firmeza. Se somos indulgentes, só os prejudicamos.

HORÁCIO (*À parte.*) — Ah, traidor!

CRISALDO — Se o coração dele sente alguma repulsa, acho que não temos o direito de forçá-lo. Meu irmão deve pensar do mesmo modo.

ARNOLFO — O quê? Ele vai permitir que o garoto o governe? Será um pai tão fraco que não tem autoridade sobre o próprio filho? Seria bonito, em verdade, vê-lo a essa altura da vida recebendo lições de quem deveria aprendê-las. Não, não! É meu amigo íntimo, sua reputação é a minha. Já empenhou a palavra: é preciso cumpri-la. Mostre sua firmeza: que o rapaz obedeça!

ORONTE — Falou com precisão. Mantenho o compromisso e respondo pela obediência de meu filho.

CRISALDO (*A Arnolfo.*) — Quanto a mim, estou surpreendido com o estranho interesse que você demonstra por esse casamento; não consigo adivinhar por que motivo...

ARNOLFO — Sei o que estou fazendo, é tudo que lhe digo.

ORONTE — Sim, sim, o Sr. Arnolfo está...

CRISALDO — Desculpe lembrá-lo, mas se aborrece quando o chamam Arnolfo. Como lhe disse antes, prefere ser tratado como Sr. de Vendaval.

ARNOLFO — Oh, não importa.

HORÁCIO (*À parte.*) — Será que ouço direito?

ARNOLFO (*Virando-se para Horácio.*) — Ouve, meu caro; desvendou o mistério? Agora pode entender melhor o meu comportamento.

HORÁCIO (*À parte.*) — Que azar o meu! Estou numa entalada...

CENA VIII: GEORGETTE, HENRIQUE, ORONTE, CRISALDO, HORÁCIO E ARNOLFO.

GEORGETTE — Patrão, se o senhor não vier logo, não conseguimos mais segurar Dona Inês. Já fez tudo que pôde para escapulir. Temos medo de que possa se jogar pela janela.

ARNOLFO — Tragam-na aqui. Vou levá-la embora pra bem longe. (*A Horacio.*) — Não fique furioso: boa sorte contínua faz o homem soberbo; e cada um tem seu dia, como diz o provérbio.

HORÁCIO (*À parte.*) — Deus do céu, existe infelicidade como a minha? Alguém já foi atirado em tal abismo?

ARNOLFO (*A Oronte.*) — Apresse o dia da cerimônia.. Quero comparecer. Desde já eu próprio me convido.

ORONTE — Será muito bem-vindo.

CENA IX: INÊS, ORONTE, HENRIQUE, HORÁCIO, ARNOLFO, CRISALDO, ALAIN E GEORGETTE.

ARNOLFO (*A Inês.*) — Vem cá, beleza, anda. Então não podem contê-la, menina revoltada? Olha, está aí o seu namoradinho. Pra lhe agradar permito que lhe faça um cumprimento, humilde e melancólico. Adeus. (*A Horácio.*) — A sua história, amigo, não teve um fim feliz. Mas, que se há de fazer? A sorte não dá para todos que amam.

INÊS — Horácio, você vai deixar que ele me arraste assim?

HORÁCIO — Não sei o que fazer, tão forte é a minha dor.

ARNOLFO — Vamos embora, garota, e chega de conversa.

INÊS — Quero ficar aqui.

ORONTE — Querem nos explicar que mistério é esse aí? Olhamos uns para os outros, todos de boca aberta e não entendemos nada.

ARNOLFO — Quando eu tiver mais vagar, prometo explicar tudo. Agora. Adeus.

ORONTE — Aonde é que pretende ir? Isso é maneira de falar conosco?

ARNOLFO — Não lhe falei direito? Não o aconselhei a desprezar os protestos do fedelho e marcar o casamento?

ORONTE — Sim, é verdade. Mas para essa cerimônia falta algo importante. Ou o senhor não sabe tudo? Não lhe disseram que a jovem prometida está em sua casa? Não lhe contaram que ela é filha de Henrique e da encantadora Angélica, com quem um dia ele se casou secretamente? Se não sabia, então com que autoridade falou ainda há pouco, sobre marcar ou não marcar o compromisso?

CRISALDO — Eu também fiquei chocado com o seu procedimento.

ARNOLFO — O quê?

CRISALDO — Essa filha que minha irmã gerou de um casamento secreto viveu toda a vida oculta da família.

ORONTE — E para que ninguém jamais a descobrisse, foi criada no campo, sob um nome suposto.

CRISALDO — Morta minha irmã, perseguido pelo infortúnio, Henrique, meu cunhado, foi forçado a deixar sua terra natal.

ORONTE — Foi enfrentar milhares de perigos em países distantes separado de nós por muitos mares.

CRISALDO — Onde os seus esforços foram premiados com bens muito maiores do que os que a inveja e a impostura lhe haviam tirado em seu próprio país.

ORONTE — Voltando aqui ele procurou logo a mulher a quem confiara os cuidados da filha.

CRISALDO — A pobre camponesa confessou francamente que tinha deixado a menina em suas mãos, desde que tinha quatro anos de idade.

ORONTE — E que fora obrigada a isso por extrema pobreza; pois passara a depender da sua caridade.

CRISALDO — Então, cheio de alegria, veio correndo logo para cá e trouxe até a tal mulher com ele.

ORONTE — Um minuto mais e ela está aqui para esclarecer de uma vez nosso mistério.

CRISALDO (*A Arnolfo.*) — Bem posso imaginar qual é o seu suplício: regou a planta durante tantos anos e agora é outro que se deita à sombra dela. Agora é outro que lhe come os frutos.

ARNOLFO (*Saindo furioso, incapaz de fala.*) — Oh! Oh! Oh!

ORONTE — Por que ele foge assim, sem falar com ninguém?

HORÁCIO — Ah, meu pai, vou lhe contar o resto do espantoso mistério. O que a sua sabedoria decidiu, o destino já tinha executado. Eu já estava ligado a essa jovem pelos laços suaves de um amor profundo. E, pra ser breve, essa jovem é a mesma jovem que estão procurando, e eu pensava recusar, causando ao senhor desgosto enorme.

HENRIQUE — Eu vi que era ela, assim que apareceu. Oh, minha filha, não posso me conter ante emoção tão forte!

CRISALDO — Eu gostaria de fazer o mesmo, irmão, mas a praça não me parece o lugar mais indicado. Vamos pra casa, desenredar o resto do mistério; recompensar o nosso amigo por tudo o que fez por nós e dar graças a Deus por tudo acabar bem. (*Saem todos. Antes de sair, Crisaldo volta ao proscênio.*) — E se você, Arnolfo, ainda está aí, não fique triste não; a sorte é sua. Para quem acha os chifres a suprema vergonha, não casar é a única maneira de estar bem seguro.

COLEÇÃO LEITURA

A arte da guerra – Sun Tzu, 128 págs.

A dama das camélias – Alexandre Dumas, 132 págs.

A filha do negociante de cavalos / A meia branca / Sol – D. H. Lawrence, 108 págs.

A lição do mestre – Henry James, 120 págs.

A mulher / Os rapazes – Michel Foucault, 132 págs.

Antígona – Sófocles, tradução: Millôr Fernandes, 70 págs.

A Revolução Francesa – Eric J. Hobsbawm, 60 págs.

À saída do teatro depois da apresentação de uma nova comédia e A Avenida Niévski – Nikolai V. Gógol, seleção de textos de Arlete Cavaliere, 122 págs.

A Santa Joana dos Matadouros – Bertolt Brecht, tradução e ensaio: Roberto Schwarz, 190 págs.

Camões: verso e prosa – Luís Vaz de Camões, 128 págs.

Cartas a Che Guevara – *O mundo trinta anos depois* – Emir Sader, 84 págs.

Cinco contos – *A Fuga; Je ne parle pas français; Senhorita Brill; A vida de mãe Parker; Tomada de hábito* – Katherine Mansfield, 96 págs.

Cinco mulheres – Lima Barreto (org. Daniel Piza), 76 págs.

Cinema: Trajetória no subdesenviento – Paulo Emílio Salles Gomes, 112 págs.

Contos de Andersen – Hans Christian Andersen, 136 págs.

Contos – Machado de Assis, 122 págs.

Crônicas de Antônio Maria – Antônio Maria, 78 págs.

Cultura e Política – Roberto Schwarz, 192 págs.

Cultura e Psicanálise – Herbert Marcuse, org. Isabel Loureiro, 122 págs.

Do pudor à aridez – Anne Vicent-Buffalt, 130 págs.

Enéias – Gustav Schwab, 116 págs.

Iracema – José de Alencar, 130 págs.

Indústria cultural e Sociedade – Theodor Adorno, 120 págs.

Juventude: uma narrativa e o Parceiro Secreto – Joseph Conrad, 120 págs.

Macbeth – Shakespeare, 110 págs.

Na colônia penal – Kafka, 52 págs.

Na terra das fadas – Bruno Bettelheim, 102 págs.

O Beagle na América do Sul – Charles Darwin, 72 págs.

O cinema brasileiro moderno – Ismail Xavier, 160 págs.
O conde de Gobineau no Brasil – Georges Raeders, 88 págs.
O despertar – Kate Chopin, tradução: Carmen Lúcia Foltran, 212 págs.
O fantasma de Canterville / O príncipe feliz – Oscar Wilde, 70 págs.
O mandarim – Eça de Queiroz, 100 págs.
O manifesto comunista – Karl Marx e Friedrich Engels, 68 págs.
O mito do desenvolvimento econômico – Celso Furtado, 92 págs.
O romance está morrendo? – Ferenc Fehér, 104 págs.
Os assassinatos na rua Morgue / A carta roubada – Edgard Allan Poe, 92 págs.
Os dentes da galinha – Stephen Jay Gould, 84 págs.
Os primeiros contos de três mestres da narrativa latino-americana – *O besouro
    e a rosa* – Mário de Andrade; *São Marcos* – Guimarães Rosa; *A mulher
    que chegava às seis* – Gabriel García Márquez, 80 págs.
O príncipe – N. Maquiavel, 136 págs.
Pedagogia da autonomia – Paulo Freire, 148 págs.
Pedro Páramo – Juan Rulfo, 162 págs.
Peixinhos dourados – Raymond Chandler, 74 págs.
Poemas – Augusto dos Anjos, seleção de Zenir Campos Reis, 116 págs.
*Profissão para mulheres; O status intelectual da mulher; Um toque feminino
    na ficção; Kew Gardens* – Virginia Woolf, 52 págs.
Senhorita Else – Arthur Schnitzler, 110 págs.
Sobre a modernidade – Charles Baudelaire, 78 págs.
Teresina e seus amigos – Antonio Candido, 76 págs.
Textos filosóficos – Jean-Jacques Rousseau, tradução: Lúcia Pereira de Souza,
    seleção de textos: Patrícia Piozzi, 104 págs.
Um coração simples – Gustave Flaubert, 56 págs.
Uma história lamentável – Dostoievski, 102 págs.

Impressão e Acabamento

Prol
EDITORA GRAFICA